我在《聯合報》43年

資深記者黃仁見聞錄

黃仁 著

定成吾兄　惠存

本報創始，共歷艱辛，
開拓藝文，卓著績效。

聯合報系
董事長　王惕吾　敬贈

中華民國八十二年九月十六日

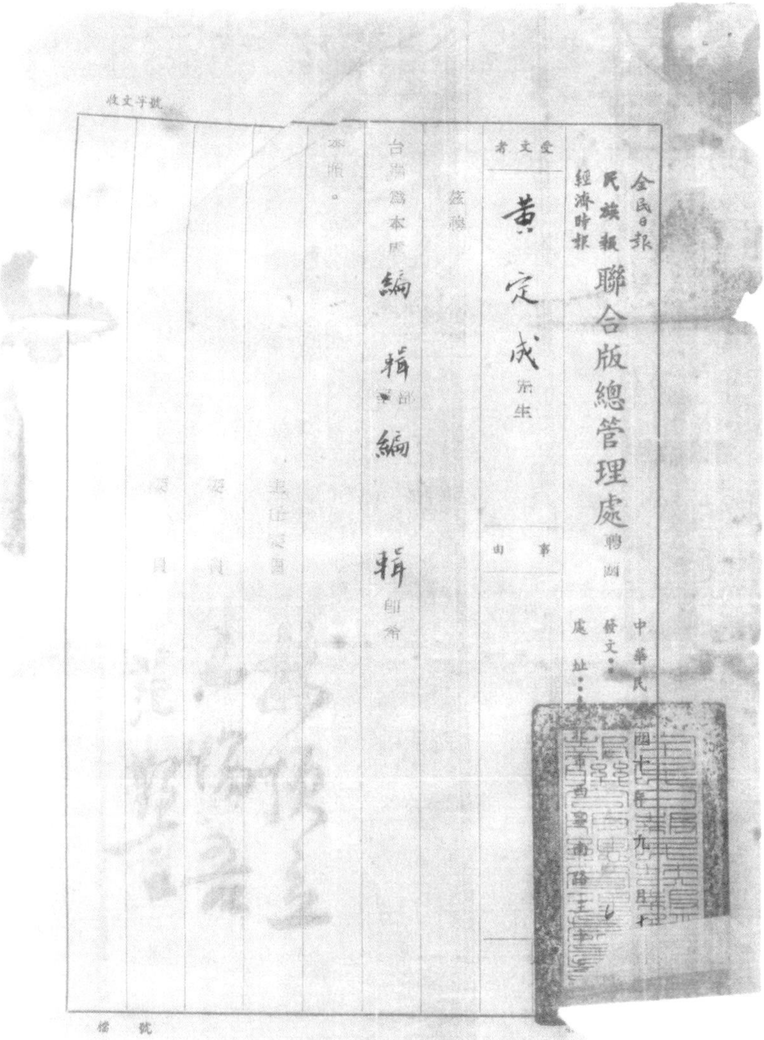

全民日報 民族報 經濟時報 聯合版總管理處聘函

受文者 黃定成 先生

事由

茲聘

台端為本處編輯部編輯

本處。

王惕吾先生

聯合報董事長王惕吾頒發資優獎給黃仁

聯合報董事長王惕吾頒模範記者獎給黃仁

1980年黃仁從事編輯三十年由嚴副總統頒發資深傑出編輯獎

王惕吾先生（右）與范鶴言先生（左）

華人終身成就獎之劉昌平先生

黃仁夫婦與聯合報大家長王惕吾（中）合影

黃仁夫婦

聯合報60週年邀退休同仁返社參觀

聯合報60週年黃仁回社參觀

台北市《民族報》、《全民日報》、《經濟時報》三報發行聯合版時的發行地點。

1971年嚴家淦副總統、蔣經國院長蒞臨聯合報，向發行人王惕吾先生祝賀。

70年代聯合報南部記者同仁出遊，黃仁擔任領隊。

聯合報通訊組1993年1月3日遊佛光山

黃仁（左）偕同大姊（中）、
姊夫（右）同遊南園。

黃仁先生榮退，副董事長劉昌平先生設宴餞別

聯合報通訊會議

聯合報通訊會議

▍最後一排左邊第四位為黃仁，第五位是黃金冰，第一排一左一是總編輯宋光中。

▍聯合報在20週年建立了大樓，林頂立、范鶴言因反對而退休，報社自此成了王惕吾個人的企業。

1960年代亞洲新聞界廣告會議在香港舉行期間，代表團參觀邵氏影城，王惕吾（前排左二）當時已是台灣報業重要人物。

聯合報編輯部同仁出遊，黃仁於前排中間。

1975年南部記者陪同黃仁（中）參觀白河水庫

丁文治（右）與郭永榕（左）

聯合報副董事長劉昌平（右二）歡迎黃仁（右）回總社參觀

目次

我在《聯合報》四十三年的編輯生涯

來台前愛上電影

一九四五年八月中國抗日戰爭勝利，翌年一月我隨大姊從福建連城的家鄉芷溪到福建省戰時的省會永安。寄住大姊友人家，因大姊應邀到台灣剛接收的台灣省訓練團工作，我留在永安，進專員公署創辦的燕江日報當校對，那年二十一歲，是我一生從事新聞工作的起點。每晚校對工作完成，已是下半夜三、四點鐘左右，沒有絲毫疲倦，還要看用腳踏印報機印報，硬要虛耗到次晨五、六點鐘，看到報紙印出來，才甘心拿著新出版的報紙回家睡覺。如此熱忱，天天如此。當年擔任編輯的黃金冰，來台後改行出任聯邦影業公司會計主任，至今仍常見面。當年的總編輯宋光中，現仍在福州，是語文教育專家，仍常有通訊。可惜燕江日報當年因政治原因，出版半年就停刊。我又到省立永安師範小學做了幾個月代課老師，這時大姊在台灣結婚，來信叫我到台灣去，從事新聞工作或升學。

我是民國三十五年（一九四六）十一月初到台灣，在福州等船一個月期間，空閒無事，每天看電影，多是上海孤島時期和華影的影片，其中陳雲裳主演的《木蘭從軍》就看了三遍，片中插曲「月亮在那裡」迄今仍會唱得很完整，逐漸成了影迷。記得我第一次是八歲在峰市看電影，那次是由巡迴放映業者來峰市放映默片。我還記得當時放映機是手搖的機器，發電機放在地面上有很大聲音，銀幕映像也會輕微跳動。

我到台灣後，進入剛創刊的台灣日報當校對主任，只校社論，兼做資料工作。該報編輯人員多是福建仙遊人，資料室主任蔡少白對我很照顧。次年「二二八」事變時，該報未受任何損失，但事變後自動停刊。當時停刊的報紙還有大明報（晚刊）、人民導報（全民日報前身）、民報、中外日報（公論報前身）、國是報等等。事變後，因台灣日報復刊無望，我隨朋友到高雄，加入高雄要塞司令彭孟緝支持復刊的國聲報，該報請中華日報主筆彭勃當社長，我仍是先做校對，半年後兼編星期天娛樂版（以影劇娛樂為主）。

二二八事變前的台灣，是真正自由地區，我在基隆碼頭上岸，等於國內旅行，沒有任何檢查，也不必看任何證件（我的身分證是在台灣申請領取的）。中外影片上映，也只要登記公司和片名，就可上映。主管官員採事後檢查，到戲院與觀眾一起看電影，發現有問題，才要求戲院停映，但這種情況也很少，後來因執行困難，才改為事前檢查。審查地點在植物園內的台灣攝影場，當時台語片導演何基明、辛奇都當過電影檢查委員。

當時辦報也不必事前許可，只要提出申請，就可先出版，只要每天出報時，送一份到主管機關備查。「二二八」事變發生後，才發現許多報社潛伏有共黨份子，惡意挑撥。我服務的台灣日報發行人是台灣省黨部主委，居然不知道副刊編輯是共黨著名散文作家，事變後他立即潛回大陸。事變平息後報社自動停刊，原因可能也是為了容納過共黨份子。同時停刊的五、六家報紙，幾乎都是因為編輯人員有問題，潛回大陸或言論出軌被禁或自動停刊，或在事變期間辦公室遭破壞而無法復刊。

高雄國聲報，原來的總主筆雷石榆是文學家，舞蹈家蔡瑞月的丈夫，二二八事變時潛回大陸，軍方派中華日報主筆彭勃接社長。高雄地方人士自組的董事會對軍方派來的彭勃社長不滿，彭勃遂利用國聲報開辦台北版，再以台北版設施自辦台北晚報，年底彭勃脫離國聲報，我是唯一從高雄國聲報調台北晚報的編輯。台北晚報創刊時也是尚未經主管核准，就先出版一個月，再領登記證。當時的台北晚報發行人兼社長彭勃原是南京救國日報主筆，因此台北晚報班底多來自救國日報，總經理徐凱（教育廳會計），總編輯陳香（原國聲報總編輯、後來擔任更生報總編輯）、採訪主任龔聲濤（來自救國日報，後來改任國民黨文工會總幹事）記者楊炎、何壽銘、董佩璜、顧樹型都是招考來的，成績優異。

其中董佩璜後來改名董大江，曾在《聯合報》南社擔任記者，《聯合報》南社結束，董大江改調《聯合報》駐基隆記者，民國五十五年進入徵信新聞（中國時報前身），擔任印刷工廠廠長，主持新建工廠購置彩色印刷各項設施試用成功。民國五十七年三月，該報引進啟用遠東第一部美國高斯公司（Goss）奧本尼式（Urbanite）高速最新型彩色輪轉機，設立照相製版部，開創中文報紙由黑白進入彩色時代，董大江是大功臣。不久，《聯合報》等跟進，台灣各報的高斯機器都是董大江經手引進裝設，他成為高斯公司台灣總代理，收入多，後移民加拿大。

由於我在國聲報編過娛樂版，一九四八年一月我到台北晚報後也主編影劇版（銀座），遇有重要的話劇演出，或重要影片上片，經常出版某一話劇，或某一影片的專輯，執筆者多是同事，引起讀者和業者的重視。

我在台北晚報銀座版主編過的話劇專輯有上海觀眾公司來台公演的《清宮外史》、《萬世師表》等等，電影專輯有上海國產名片《松花江上》、《遙遠的愛》、《八年離亂》、《深閨怨》等，還有外國名片《藍色狂想曲》、《居禮夫人》（美片）。

我以小虹或定成筆名寫的影評很多，如今還保留的有《桃花依舊笑春風》、《遙遠的愛》、《假面女郎》、《龍鳳花燭》等等。當時是所謂的初生之犢，影評的標題和內容都批評得很大膽，如今看來臉紅。

一年後台北晚報虧損，轉讓給當時新聞處主任秘書高拜石經營，原來的員工全部解散。我又是新社長留用的唯一舊社編輯、採訪主任龔聲濤也加入新報社。但半年後，省府主席陳誠認為台灣報紙太多，言論不易控制。為追究台北晚報上一篇公務員訴苦的投書，迫使出刊近兩年的台北晚報自動停刊。原彭勃社長與小情人「小豆腐」離開報社後，去嘉義當中學老師，如今兩人生的兒子已在政工幹校畢業。

當時真正出資買台北晚報的董事長高霖，又因案被拘坐牢無暇顧及，無人提出申覆，台北晚報便如此走入歷史。高霖是遭警察局科長勒索兩億元未遂，誣告為匪諜私藏槍枝，一年後才查明真相釋放，誣告的科長判刑十五年。當時報紙有詳細報導。

由於當時民營報生存困難，我一度進入閩台日報當編輯，再轉入工業新報工作時，缺少安全感，很羨慕當時唯一公營大報新生報經營情況穩定，我寫信給新生報副刊主編歌雷（史習枚），希望進該報工作。他出身復旦大學新聞系，他約我見面時，要我先替在上海復旦大學正讀畢業班的一位學妹代寫畢業論文〈怎樣編副刊？〉，我以本身經驗，創新副刊的理念和作為，主張文藝必須生活化，副刊必須多元化，編者必須主動出擊，主動策劃，不能光等讀者投稿，寫了七八千字的論文，史習枚看後認為寫得好，非常高興。因此我雖未在大學新聞系畢業，卻寫了大學新聞系畢業論文。現在的報紙副刊仍未脫離我這原則。這位學妹來台後對我一直很感激，彼此心照不宣。

經濟時報創刊

一九四九年七月，《聯合報》前身之一的經濟時報創刊，聲勢浩大，總編輯朱虛白，原為上海市政府新聞處處長；社長范鶴言曾是中央銀行總行秘書處處長；台灣辦事處主任；副社長趙君豪是上海申報總編輯。經濟時報創刊前夕，我由好友馬國樑引荐，求見總編輯朱虛白。當時正需要副刊助手，立即派我擔任副刊校對兼副刊併版，原來副刊主編是上海名作家陳定山，筆名陳小蝶，是在家裡撰稿、改稿，社方每天派工友去取稿送工廠，我負責在工廠處理版面並校對。一九四九年底兩岸局勢緊張，我弟弟從福州來台，旋以匪諜罪嫌被捕，一年後槍決，我擔心被牽連，燒燬很多大陸電影理論書刊。一九五〇年三月，陳定山辭職，我順利當了經濟時報副刊主編，參加中國文藝協會發起人，也和公論報副刊主編王聿等成為好友。公論報停刊後王聿到中央研究院做研究員，還有聯絡。

一九五〇年九月，經濟時報與全民日報、民族報合併為聯合版，民族報掌控編輯部，經濟時報負責廣告和財務，全民日報負責發行。我是唯一由經濟時報范社長提名，獲民族報編輯部班底接納的經濟時報編輯，原因可能是《聯合報》編輯主任劉昌平，在我和新生報副刊主編歌雷接觸期間，因他也是上海觀察週刊台灣版負責人，他派劉昌平當編輯，我做校對而彼此認識。三報合併我仍負責編副刊，社方為提高水準，請中央社總編輯沈宗琳協編副刊。他是前輩，我當然對他非常尊敬，他也把我當自己子弟看待，我去取稿時，常在他家用餐，甚至沈宗琳還當我的戀愛顧問。

一九五一年台大開辦夜間部，我進台大讀哲學系和歷史系。一九五二年聯合版改組，正式成為《聯合報》，沈宗琳辭職，由發行人王惕吾好友接替沈宗琳職務半年，人事調整，我一度調校對，兼編一個週末版，我嘗試以「小舞台」的相聲對話方式，評論戲劇、電影，本周影片及娛樂活動介紹，很博好評。次年，總編輯劉昌平生肺病，住老闆王惕吾家休養。副總編輯李一丹，代總編輯，要我主編一個影劇副刊新聞化的「藝文天地」，將電影、新舊戲劇、音樂藝術、體育、書評、文藝活動，集中一版。我當時的構想就是要雅俗共賞、動靜兼顧，理論性、趣味性、新聞性、歷史性、民俗性、通俗性都有，可以說在四十年前我就提出「報紙影劇副刊多元化、生活化、新聞化」的編輯方針。

「藝文天地」本土化

我還有一個主張，是追求可以予人有更親切之感的文化本土化。因為入境習俗，本土文化是外省人必修課題，因此《聯合報》「藝文天地」常有布袋戲、歌仔戲、台灣歌謠的史話和介紹，都是我所喜歡的台灣地方戲曲。一九五六年台語片興起，新聞界只有《聯合報》最關心台語片，報導評論台語片，因此，台灣第一部十六糎台語片《六才子西廂記》完成時，新聞界只有筆者是唯一受邀觀看試片，而且是專門放給我看，筆者順便邀替《聯合報》寫影評的白克一起去看。台語片第一部35糎影片《薛平貴與王寶釧》，在拍攝期中，就邀我兩度赴台中參觀台語片的製作。社方並無本土化的指示，而是筆者入鄉隨俗，結識很多本土作家，如呂訴上、施翠峰，音樂家呂泉生等等，無形中造成重視本土化，成為《聯合報》特色。這可能也是《聯合報》受《中央日報》輕視，但卻很快擊敗《中央日報》的原因之一。尤其在鄉鎮，《聯合報》的發行成長最快，《中央日報》的報份和地方記者被《聯合報》挖走不少。

在「藝文天地」的基本作者群中，我先找了兩位本省作家，一位是現在著名的民俗學者、藝術大師，並擔任過幾家大學系主任的施翠峰。當時，他是少數日文好，又能用中文寫作的本省青年，畢業於師範學院（即現在師大）藝術系，本身雖是學畫，但涉獵很廣。[1]

另一位是台灣戲劇學者呂訴上，他出身日本大學藝術科，台灣光復後，參加過革命實踐研究院、人民團體幹部講習，及台灣省警察學校警官講習班等。中文程度可以應用，寫作仍有困難，據說是一位台大女生代他執筆。

「藝文天地」第一天的頭條內容，是施翠峰以秀良的筆名，翻譯自日文的「明年日本電影的眼淚攻勢」，這在當時是很能吸引本省讀者的訊息；影評家老沙以金士筆名，寫好萊塢新人；呂訴上寫台灣藝妲戲的起源，有濃厚的本土地方色彩。專欄名稱「南腔北調」，由平劇和台灣地方戲輪流登場，平劇由同事袁開業執筆。還有「藝苑風光」寫西畫曾受國畫影響，從來沒有人談過，很有深度的特稿，分兩天刊登。「藝壇側寫」談「香港文化人走了以後」，報導香港文化觀光團對台灣的觀感，也是讀者普遍關心的話題。加上「銀色列車」是系列的電影八卦新聞，「藝文走廊」是系列藝文活動報導，還有「中外文壇逸事」談「囂俄失妻記」；加上現實諷刺漫畫，既可調

1 出身師大藝術系的施翠峰，現在是日本高崎藝術大學客座教授、古物鑑定家、民俗藝術收藏家、省文獻委員。而且每天繪畫創作不輟。當年除了替聯合報主持美術專欄，也寫電影稿，編過台語片劇本。他至今難忘當年的知遇之恩。他和我都生肖屬牛，都是不怕勞累的工作狂，我經常同時編三報，還看電影、編雜誌，每天至少工作十四小時以上。

劑版面，也令人會心一笑。在這一個小小天地裡，呈現多元趣味、各項新鮮訊息。有如短小精幹的武器，首次出現於台灣報業激烈競爭的市場，很能引起讀者的注目。

次日的「藝文天地」，增加陳定山的趣聞專欄、唐紹華的「影壇往事」，還有中央社老牌名體育記者寫的「體壇世說」，寫我國體壇內幕，及應未遲的藝壇短評，可說色香味俱全、中外兼顧。

《聯合報》發行人惕老（王惕吾）相當滿意，達到他所謂「文化商品」的新觀念。出刊以來內容仍在時時調整，有人認為體育與文壇趣聞擺在一起太雜，兩個月後取消，代之圍棋評介的專欄，很能吸引棋友注意，尤其是中日圍棋賽名人戰，當時很吃香。為了避免與副刊重複，偏重藝文的部分逐漸減少。趨向純藝術活動報導。我與各方面接觸後，音樂、美術界人士非常支持，中廣音樂節目主持人王沛綸願義務主持音樂邊欄，代邀黃友棣、蕭而化稿件，都是名教授；施翠峰主持美術邊欄（提出問題，邀名家筆談）、白克寫影評，包緝庭寫平劇、蔡瑞月寫舞蹈（由魏子雲代筆），不但評台北舞蹈表演也寫外國的舞蹈電影和電影的舞蹈。雖然藝術界派系很多，但對我的人選，都認為夠中立、很公正。例如美國費城交響樂團來台演奏貝多芬第九交響樂，當時一般台灣樂迷尚難以欣賞，我請音樂家朱永鎮寫樂評，等於替全國藝文界上了一課。再如沈愫芝獨唱會，我請師大劉德藝教授寫評論，他現場錄音，回家細細推敲，指出哪一個音節的不當。沈愫芝看了評論當場哭泣，立即辭去北一女教職，申請到羅馬深造，後來成為名歌唱家。音樂評論家張繼高於一九五八年起自動要求加入「藝文天地」的寫作陣容，以吳心柳筆名寫了幾年「樂林廣記」專欄，發揮了他的音樂知識的才能，建立他在音樂界的權威地位。

美術方面，施翠峰能請出馬壽華、藍蔭鼎、黃君璧等大師寫稿，是很不容易。所以當年農曆年，我到住中山北路的藍蔭鼎家拜年，大師夫婦對我重視本土藝術非常感動，他收藏原住民文物異常豐富，曾親到我住東園街家裡回拜，真是蓬壁生輝。當然我寫過多篇藍蔭鼎活動的獨家報導，也建立友誼，年終他邀宴美國新聞處官員，新聞界只有我和葉明勳兩人作陪。還有歌唱家申學庸從日本留學回國不久，成為藝文天地熱門人物，曾有報導她在新店萬耀煌家裡宴請回國演唱的國際歌唱家斯義桂時，居然請我一人作陪。可見當時藝文界對《聯合報》的重視，超過當時第一大報《中央日報》之上。現在的報紙編輯，可能不會有這樣的禮遇。所謂業精於勤，我做編輯比別人勤快，由於「藝文天地」初期全是外稿，我不但做編輯枱的編輯工作、還要做編輯外的跑腿拉稿工作。整年，從沒有休假一天，也沒有人能替班。我也從來不知道主編可以休假。第5年起，社方才派專用記者姚鳳磐替我寫稿，由我指揮採訪。

一九六〇年代歐洲影壇掀起的法國新浪潮電影，《聯合報》藝文天地最先引進，我請吳景星譯寫一系列法國新潮電影的名導名片，連載兩個多月，在西班牙留學的蕭勤報導歐洲的新繪畫運動也引導國內新繪畫運動，剛導台語片的李行，如獲至寶，讚佩不已。當時白克的影評也很叫座，他評日片、西片、國語片分別採用不同筆名，遇到特別重要的大師作品，才用白克名字，以專業角度，闡釋大師風格，由於筆名多，一般讀者不知道都是白克所寫。當年還是台大學生的李歐梵、劉紹銘、師大學生馬森等也來投稿，現在他們都是國際知名大師（劉紹銘曾和筆者聯合寫影評）。當時《聯合報》以社會新聞為號召，學校、軍中、監獄都禁訂《聯合報》。師大、台大教授原來只看《中央日報》，自《聯合報》有「藝文天地」版後，很多教授私自訂閱《聯合報》。有些軍人也是逢外出採購時，才能買到《聯合報》帶回去看。現在成為大師級的大畫家劉國松，當年他創辦五月畫會，我常用他的稿件，他在國際上成名後，寫信感激我當年的提拔，稱讚當年藝文天地培養多位大師。

台灣報業發展，從台灣光復到一九四九、一九五〇年，第一大報都是新生報，發行量最高達三十萬份。以當年全省五、六百萬人口，和現在二千三百萬人口的比例來計算，相當於現在的一百多萬份，遠超過現在任何大報。一九四九年以後，《中央日報》遷來台灣，以最好紙張和印刷高品質，以及國際新聞豐富及中央機關廣告的強大號召，不到一年，新生報便被壓下去，《中央日報》成為第一大報。《聯合報》創辦初期，發行課長拿了一綑《聯合報》到《中央日報》發行課要求交換，想不到《中央日報》發行課長盛氣凌人，竟不顧同業立場，將《聯合報》丟到門口，不屑與《聯合報》交換。《聯合報》發行課長忍受「胯下之辱」回來。王惕吾一面慰勉，一面採斧底抽薪之計，透過中央社總編輯沈宗琳關係，以高薪向《中央日報》挖角，請主將編輯主任鄭炳森（老沙）來《聯合報》當總編輯。當時《中央日報》多是政大系統，鄭炳森是唯一例外，出身廣東中山大學，因此他在《中央日報》做了多年編輯主任，以才思敏捷鬼才出名，卻一直沒有升官，所以王惕吾向他挖角。不料老沙擔心《聯合報》三個老闆合作不穩而婉拒。他想不到後來《聯合報》成長會那麼快。王惕老以作戰精神辦報，首先要有好人才、好內容，一切以編輯為優先（挖鄭炳森雖未成功，但《中央日報》外埠記者不少進《聯合報》，徵信新聞也有多位優秀編輯、記者進《聯合報》），並鼓勵編輯、記者在職進修，請各種名家到報社講演，參加聽講者，報社發餐券供晚餐鼓勵。另一方面，白天嚴格考核，嚴防錯誤，又採取日獎、月獎、年獎方式，激勵士氣。無論編報內容、廣告、發行都由各部門請專人，每天與其他大報評比，做成紀錄，供主管參考，檢討改進。當時《中央日報》某一地區發行多少，中國時報每天印多少份報，《聯合報》都有資料（印刷部門有臥底），所謂「知己知彼、百戰百勝」，王惕老是以帶兵的孫子兵法辦報，每天督導，於是編採素質日益提高，言論新聞，也一路領先他報，尤其設立邊欄「新政府，舊課題」，業績直線上升，不到十年《聯合報》銷售就超越《中央日報》。

《聯合報》辦報成功的主因，就在天天力求內容創新、突破，員工士氣高昂，尤其採訪部門都是單獨出擊，嚴禁與他報合作。三個老闆，各以其所長合作，由幾千份報紙起家，三十年後由一報變為八報，總銷量至少幾百萬份，各報分支社遍佈全球。三報合併初期只新台幣三萬元資本，三十年後居然有將近千億元資產，最主要的成功秘訣，歸納起來，是老闆王惕吾有眼光，有魄力堅持要不斷的「創新」、「突破」、「進步再進步」、「投資再投資」，建立「版版權威」，同時設業績獎金制，每月隨薪水一起發放，激發士氣，將每月利潤分享員工。其實這也是一切事業成功的途徑。然而要如何做到「創新」、「突破」，這才是真正的「知易行難」。《聯合報》六十多年的成長過程中，不論業務、編務、行政，都創下許多經營秘密的實驗先例，軍人出身的王惕老深知帶兵要帶心的哲學，大量獎勵員工，鼓舞士氣。有一位鄉村辦事處主任，業績大突破，王老闆親自招待到台北大飯店共餐，我也得過大老闆惕老以大家長身份，招待我夫婦共進午餐的榮譽，惕老並在我太太面前誇我是好丈夫，內人說這是他一生最高榮譽。這些都可供有志從事傳播業者參考，雖然沒有實現共有、共享、共治的諾言，發出酬勞股票也出錢收回，但我退休多年，每年仍可領到醫藥補助，聊可告慰。

惕老有洞燭先機的智慧，也有不眠不休、努力不懈的牛勁（生肖屬牛）。《聯合報》創刊的頭幾年，惕老每晚都到編輯部看編報，看排版，了解各項作業流程及當天新聞處理，幾乎每晚都是到凌晨，等總編輯關潔民看完大樣，才一起坐三輪車回家，因關潔民住處與王老闆住處接近。第二天上午，王惕老又很早上班，召開各項業務會議及編務會議，檢討當天新聞得失，追蹤發行廣告業績。但更重要的是，惕老經常激發員工創新，突破的潛能，成為《聯合報》的創業精神。

不斷的創新突破

筆者有幸，追隨惕老四十多年，也曾得過惕老親自頒發「日新又新」的模範記者獎座由副總編輯郭永榕主持評審和績優編輯獎。《聯合報》編輯部實施立即獎那兩年，我得立即獎的信封套累積有五十多封。當年我也曾以點子多獲惕老在編務會議上讚許。筆者曾多次上書，提出許多興革建議，多獲採納。《聯合報》文化基金會、《聯合報》文化獎，都是我當年的建議實踐。

我主編的「藝文天地」在《聯合報》編制上，直接隸屬總編輯指揮，發行人惕老因特別關心，有時直接打電話來，曾有如下指示：

1「藝文天地」為本報獨創，發揮此一特點，充分表露藝文風格，同意將原有聯副的兩欄連環圖版面擴充，稿費視稿件優劣，以維持最低及最高標準給酬，不宜再採取聯副之方式。

2「藝文天地」要真為大眾讀者所欣賞，做到藝文界之天下，應採取積極性社會活動，如分別舉辦戲劇界、美術界、音樂界……等座談會，以激起「藝文天地」之高潮。為配合業務需要，希常與發行、廣告聯繫。

由於王發行人的指示，「藝文天地」的版面，由六欄增為八欄，最多時達十二欄，超越聯副版面，當年報紙受限張限制，寸欄寸金，《聯合報》為爭取服務讀者，有時只得犧牲廣告，惕老的裁決，廣獲讀者好評。從我的呈文中可見編者對版面小的痛苦，非現在的編輯所能想像。

在《聯合報》聲譽尚未建立基礎的五週年（一九五六年九月），我主編的「藝文天地」兩年多已廣博好評，總編輯劉昌平派我一項任務，以「展開復興影劇運動」為主題，策劃主編五週年專輯特刊。我出的題目和邀請寫作者的名單，以當時《聯合報》的地位，幾乎是不可能的任務，總編輯派黃宣威（筆名哈公）協助被我婉拒。我不厭其煩，一一幾度登門拜訪、敦促，終於達成任務，內容如下：

教育部長張其昀：美育的新發展（辦藝專和復興劇校的理想）
藝專編導科主任虞君質：劇本水準與觀眾水準
名作家王藍：現實生活中發掘影劇題材
名劇作家王平陵：重慶劇運與台灣劇運
中影總經理李葉：人才、器材、市場發展影業三大問題
藝專影劇科主任鄧綏寧：五年來學校劇運的發展
歌劇改良委員會副主委張大夏：國劇改良答客問
師大名教授李辰冬：我對當前劇運的看法
中華教育製片廠廠長郎靜山：電影教育與教育電影
文協理事長立委陳紀瀅：發展電影事業的我見
台製廠長龍芳：紀錄片的製作和功用
前中電總經理羅學濂：電影演員的訓練
台北市片商公會理事長杜桐蓀：發展民營製片的先決條件
名劇作家鍾雷：製片、觀眾與輿論，國片的新出路
政大研究所教授王夢鷗：電影劇本荒如何補救？
名作家謝冰瑩：我們需要怎樣的電影？

中製廠長張進德：新聞片的攝製及功用

除了一大張特刊外，藝文天地版也連續幾天刊登特刊用不完的「展開復興影劇運動」的專文，其中有盧碧雲的「笨鳥先飛」，汪榴照的「一個期望」，蜀山青的「不要唱，不要唱」，藍冰的「期待提高國產影片水準」……

當年這些專業專論，等於是此後台灣影劇發展的藍圖，不少意見後來都成為事實。

《聯合報》「藝文天地」在台灣新聞界有多項創舉，除了副刊新聞化外，又首先實施編採合一，內容逐漸改為以影劇為主的影劇版，刊名曾改名為「新藝」，記者姚鳳磐所寫的美術家、音樂家的專訪，因文稿太長多刊在社會新聞版，版面大，沖淡社會新聞凶殺、姦殺和一般男盜女娼的負面報導。

創辦新世紀雜誌

當年老沙雖然對聯合報沒有信心，婉拒出任總編輯，卻認為我可靠，主動提出和我合作，邀我合辦「新世紀」雜誌。我請示總編輯劉昌平，當時《聯合報》編輯部有數人兼職，他同意我和老沙合作，我未出一元資本，書未出版，已有四、五百位訂戶，收入足夠幾期印刷費。這也可見當時老沙在《中央日報》的重要地位，同仁都願義務幫忙發行和廣告，尤其外埠記者更尊敬老沙，替他拉來許多訂戶，也因而《中央日報》編輯部同仁對我都非常客氣。可惜後來我工作實在太忙，無力照顧，乘老沙進台視，「新世紀」暫停的機會，將辦了四年多的雜誌永久停刊。唯一好處是交了朋友，當年「老沙、黃仁」成為影評圈內的最佳拍檔。每期電影公司自動送來廣告，別人求之不得，我卻不願欠人情債，也是我堅持停刊的原因。

當今文學大師劉紹銘，當年還在台大進修，也常替藝文天地寫影評，成為他難忘的回憶。由於我主編的《聯合報》藝文天地的影評尺度較嚴，曾引起美商八大公司兩度抗議，以拒登電影廣告威脅。當時報紙的工商企業廣告不多，電影廣告有可讀性，為讀者需要，又是報社主要財源，報社多半會妥協，《聯合報》總經理及總編輯曾主動宴請多位影業巨頭到台北市延平北路酒家歡宴，我奉命作陪，每個客人旁邊坐一個酒女侍候，我很不習慣，劉總編輯對我說，到這種場合不要太拘謹，開放一點，讓酒女挾菜、餵食，我還是很不舒服。《聯合報》甚至也曾以停止刊登影評作妥協，後來《聯合報》業務發展快，為維護評論自由，不受威脅，放棄電影廣告，與電影界形成十多年對立的狀態，不相往來。不過業者認為我很正派，私下對我還很尊敬，無形中成為台灣各報影劇版主編的龍頭，當年影劇界邀新聞界的重要集會，幾乎都請我代邀，一通電話全部到齊。

深耕本地文化

台灣屬「海洋文化」的特色，是不斷的吸收外來文化變為本土文化，因此藝文天地在大量引進歐洲藝術新思潮的同時，也注意本土文化的成長。事實上「文化本土化」是我早期編藝文版時的理念，這也是促使我特別關心台語片走向的重要關鍵，以一個「外省人」身份，卻能夠意識到「日久他鄉是故鄉」的重要性，追求並親近本土文化逾半世紀。

由於我熱衷於本土文化，台灣省誌修誌時，台灣省文獻委員會聘我為撰述委員，為省誌藝文篇撰寫了台灣電影史和戲劇史。

「藝文天地」後來改為「新藝」，仍以電影為主，由我主編了幾年，逐漸定型。喜歡求新、求變的王惕老頗為不滿，改版時將我調職編通訊版。從此新藝版取消主編制，任何編輯都能替班，我辛苦建立的藝術評論權威也在無形中消失，圈內人都覺得可惜，事後有師大教授劉德義多次向惕老反應要求恢復黃仁主編，但版面太小，再由我主編，也無法發揮，這可能是惕老後來收買華報辦民生報的動機，事實上民生報的內容，就是「藝文天地」的擴大，而且所謂編採合一制，也是在「藝文天地」早已建立。

我雖然卸下新藝編務，但有更多時間為「新藝」寫影評，不久又兼主編民族晚報影劇版，仍固定每週寫影評專欄，與影劇界關係從未中斷，但自主性更高，晚報先後任總編輯宋仰高、黃仰山都任由我發揮。

筆者主編《聯合報》「藝文天地」的最大收穫，就是結識了很多圈內朋友，經常向他們求教，無形中增進了許多新知識，學到鑑賞美術、音樂作品的能力。前幾年劉國松從美國當教授回來，特別請我吃飯。他說：「沒有《聯合報》當年的栽培，不會有今天。」因為他是新畫派的旗手，只有《聯合報》經常登他的稿子（他報多不敢登），使他得到美國國務院的支助。還有劉紹銘、劉德義、李歐梵、白景瑞等等都成為巨匠級人物，當年也都是「藝文天地」投稿人，提起當年往事，仍十分懷念。劉德義從德國留學回來就請我吃飯。當然電影界的朋友結交的更多，尤其拍台語片的導演和明星，我退休多年後，仍有台語片雙后小雪、小艷秋請我吃飯，電影界被稱台語片開山祖的何基明一直和筆者保持聯繫，筆者才有機會把他介紹給國家影資料館，任何有關台語片會議，必邀我參加，台灣電影史學家葉龍彥，稱讚我是「台語片影史資料的守護神」，台北市文獻委員會為我出專冊，成大也曾邀請我講述台語片影史。

正由於我編《聯合報》「藝文天地」在圈內出名，在《聯合報》卸下該項職務後不久，除了民族晚報請我去兼編影劇版，版面大，還有台中台灣日報創刊時找我兼編了半年電影版。

美國《世界日報》

一九七六年一月二十九日，《聯合報》創辦美國《世界日報》，除了調派一批赴美國工作人員，包括排檢版工人、編輯、採訪等人員，負責在美國出版的部份外，台灣辦事處也必須要有一批編務人員，負責由台灣支援的版面，數量超過當地出版的版面數倍，包括國內外要聞、港台新聞、港台影劇版、小說版、副刊等等。《世界日報》台灣辦事處主任劉潔、編輯部主任唐達聰，都希望我參加他們工作，由於台灣是白天編報，配合美國晚上編報，與我在民族晚報白天編報時間衝突，必須辭去晚報工作，為了美國《世界日報》的前途看好，當然只得照辦，因此《世界日報》工作從籌備試版期間，我就參加。起初兩年，台灣與美國之間尚無人造衛星，台灣支援的版面，都是排好版後照相，將幾張底片捲成一卷，托華航帶到美國紐約和洛杉磯，配合當地版面印刷出版。

後來台灣辦事處主任由唐達聰負責，他因在浙江大學的學生時代參加過大陸全國性學生運動，反美示威遊行，被關到火燒島近十年，出國手續受阻，延長他負責主持《世界日報》台灣辦事處時間。當時《世界日報》台美各級負責人經常有來往，唐主任送往迎來，必有餐敘，我經常是作陪人員，幾乎吃遍台北各著名餐廳，甚至赴陽明山歡宴（《世界日報》總編輯馬克任返台）。後來唐達聰獲准赴美，擔任《世界日報》洛杉磯版總編輯，改由記者孫建中擔任台灣主任，他以節儉出名，半年未上過一次餐館。

我兼任編美國《世界日報》台港影劇版期間，民生報尚未創刊，《聯合報》新藝版版面小，可採用的台港影劇新聞少，必須編者每天在港台各報中作地毯式的搜查，然後加以改寫，因此工作很忙，加上還要抽空看電影，未經休息，又趕到《聯合報》上晚班時，有時連到廁所吐口氣的時間都沒有，難免精神不濟而有筆誤。這時《聯合報》為減少版面錯誤，除獎勵校對檢舉編輯錯字外，也獎勵印務人員如發現錯誤時間早能及時補正，也有獎金，但寬待編輯的錯誤，採取不罰，只將錯誤資料存入個人檔案，作為升遷及考績參考。我有筆誤，因未得到通知，錯誤而不自知，未提高警覺。後來《聯合報》一度取消我在美國《世界日報》的兼差，不料中國時報出版「中國時報美洲版」，我又重回《世界日報》，擔負與美國中國時報競爭的戰鬥任務，直到中國時報美洲版取消，由於這時民生報已出版，美國《世界日報》台港影劇版利用材料很多，似乎可勝任的人很多，才又再度停止我的兼職。

我在台灣從事新聞工作和影劇新聞編寫，六十多年來從未停憩，有幾項創新和貢獻：

1一九五三年九月起主編《聯合報》「藝文天地」，首創影劇與藝文結合的副刊新聞化，以動態為主，靜態文章為副，在這之前，這類副刊都是靜態，有影劇新聞也只作點綴。

2一九五八年九月一日起，「藝文天地」版改為「新藝」，加強影劇報導和評論，首創用專任影劇記者制。以往影劇新聞都是由文教記者兼任，我首次用姚鳳磐為專職記者，職位仍屬採訪部，但影劇新聞歸我指揮。後來姚鳳磐成為拍鬼片的名電影導演。

3一九六四年，筆者在民族晚報除主編影劇版，又兼主編民族晚報婦女家庭版，首次啟用國會記者楊尚強兼任婦女版記者，採訪婦女領袖或名流談婦女問題，或家庭專家談家庭問題，完全由我指揮，也是台灣新聞界首創婦女版由記者訪問編採合一。不久，《聯合報》婦女版跟進，培養名記者陳長華。後來楊尚強升為民族晚報總編輯，他在要聞記者時代的出色表現，與在婦女版時代訪問名流婦人有關。我的婦女版每月辦一次婦女問題專題徵文，來稿非常踴躍，母親節照例各報都是高功頌德，我卻以「天下有不是母親」徵文，有幾篇母親的懺悔文非常感人，這是一種創意。

4 一九七六年起兼主編美國《世界日報》台港影劇版，首創美工併版、美術字標題，董事長王惕吾大為讚賞，下令《聯合報》各版逐步跟進。後來民生報創刊是《聯合報》「藝文天地」的擴大，同時沿用「藝文天地」的內容全面跟進，美工併版，後來他報也跟進。

5 我主編聯合報新藝版第七年（一九六〇年），首先提出建「電影圖書館」的新觀念，並請編譯組主任馬全忠（筆名馬斐）收集外國電影圖書館已出版的電影書目，作「紙上電影圖書館」連載，之後陸續刊出法國電影圖書館、日本電影圖書館、蘇聯電影圖書館的介紹、藏書和館藏影片，一九六一年起陸續刊出連串電影圖書出版問題及資訊，一九七一年做成台灣建電影圖書館的草案，也收集了幾年日本電影圖書館館刊，並將企劃案於一九七四年交新成立的電影基金會籌辦，於一九七八年二月二十九日成立。一九六八年王曉祥從美國回來也提出成立電影圖書館的建議。

6 七〇年代，我主編《聯合報》地方版，兼寫影評，著重地方新觀念的推行，鼓勵記者創新作法。地方通訊會議上，獲南部特派員推崇我在《聯合報》編輯中觀念最新。在社慶時獲社方頒「日新又新」模範記者獎。

7 我主編《聯合報》影劇版和民族晚報影劇版期間，既拉攏名家寫稿，也著力發掘培養新秀，如饒曉明（筆名魯稚子）、劉藝、梁良、黃海星、白濤、哈公、林銳等等，都是我培養的新影評人，期間雖然有好友私下向我建議某某人有問題，但我用稿絲毫不受影響。

8 我寫影評著重藝術創新和觀念創新，因此多位名家教授稱讚李翰祥的《梁祝》，只有我一人批評舞台化的做法，有礙中國電影的進步發展，今後仍要多從映像方面創新，後來台灣新電影的興起，證實我的意見正確。李行最博教授們好評的《秋決》、《路》和《貞節牌坊》，都遭我批評：「說教」、「保守」、「落伍」。當然仍讚揚李行在發揚中國固有文化和濃厚的中國家庭倫理風味上的成就和貢獻不可抹煞。俞大綱教授不同意我的某些觀點，卻贊成我對中國電影的鞭策，常約我小敘，他的劇本〈李亞仙—新綉襦記〉也請我指教。

9 建立了新潮美術評論。我喜歡創新及新思潮，不只電影如此，美術方面，我請在西班牙深造的蕭勤（音樂家蕭友梅之子），引進歐洲多項繪畫方面的抽象藝術的新派，五花八門，對年輕人很有吸引力。當時還在師大讀書的劉國松，組織「五月畫會」，是台灣最早的抽象畫派的團體，主張水墨畫的創新，我全力支持，當時無論每年的省展、蘭陽美展、五月畫會……都有評論，中心思想都是提倡突破傳統創新，除了施翠峰執筆外，還有席德進、劉國松、李仲生等名家執筆，帶動國內畫壇新思潮。尤其創辦五月畫會的劉國松，被稱為台灣新繪畫運動的旗手，現已成為國際畫壇水墨畫大師名教授，每次從國外回國，仍難忘過去支持他的往事，總會打電話和我聯絡，也曾寫信來感恩。

10

我奉行勤能補拙、愚公移山的信條，當年我編「藝文天地」，凡事都是不怕麻煩自己動手，對讀者來稿、來信，必然一一奉覆。部份當年信件至今仍保留。為了拉稿，當年我經常走遍師大每一間教授宿舍，自己當面邀稿取稿。甚至台語片在台中開鏡，我也專程去參加給業者鼓舞，比起現在編輯的清閒，實在難以想像。我自認樹立了勤勞的風範。當時我為公事額外付出時間金錢，又完全自掏腰包應酬，且從未報過車馬費，也無絲毫怨悔。當然也因此獲得藝術界的尊重。台語片導演何基明、辛奇等不拍台語多年後，仍常和我聯絡，也正因為如此，我才有機會介紹他們給國家電影資料館。由於當時一年三百六十五天，我都沒有休假，也沒有人替班。因此後來報紙影劇版主編制被取消，主動權落在影劇記者召集人身上，影劇版編輯變為有什麼料就炒什麼菜的平凡廚師，也有的是禮拜六多編一天供禮拜天用，記者編輯全休假。

11 我在台灣從事報紙影劇版主編及影劇雜誌主編逾六十年之久，其中對促進發展本土影劇事業著力最深。被清大葉龍彥教授稱為「台語片史料的守護神」、「國片的捍衛者」。尤其台灣日報創辦初期，我兼編該報影劇副刊，長期刊登台語片影評，成為全台灣唯一評論台語片最多的報紙影劇版，促成台灣日報舉辦台語片影展。[2]

12 為電影公司負責人沙榮峰、黃卓漢、及導演張英、袁叢美等代筆寫回憶錄，還替不少影人代筆寫稿，更協助戲劇教授邵玉珍、攝影師林贊庭、廈門學者陳飛寶、導演張曾澤、奇幸等整理稿件出書，並協助日本影評人日野康一等在日本出版中國功夫電影、成龍電影等書。

13 邀集影評人創設「中國影評人協會」，卅多年來，主持中外十大影片評選，義務主編《電影評論》十年，致力促進兩岸三地影評文化交流，在中國大陸專業電影刊物《電影藝術》，《當代電影》等，經常撰文推界台灣電影藝術。

2 詳見台北文獻第一三三期刊登葉龍彥的〈正宗台語片影展與重要台語片史料保存者〉，並抽印單行本。

14 為在中國大陸的台灣影人何非光、羅朋、劉吶鷗、張天賜等人撰文呼籲，及流落台灣的大陸影人胡心靈等平反冤屈。同時我一再追蹤擴大報導撰文糾正影史書刊錯誤，促成何非光、胡心靈出書，劉吶鷗出版全集。

15 開創台灣電影著作出版在民國四、五十年代，台灣電影文化如同沙漠，專業書出版稀少而且困難重重。我邀集張雨田、老沙、饒曉明、劉藝、黃宣威等六人創辦「中國電影文學出版社」，由張雨田墊資，各人以著作權投資，第一次出版六本，第二次出版三本，開風氣之先轟動台港兩地，帶動後來台灣電影書籍出版。

16 北京大學教授電影博士李道新稱讚「黃仁本人就是一座電影圖書館」。（詳見首都師範大學出版〈中國電影史〉一九三七至一九四五，第三一四頁。）

17 我除了自四十年代開始一再撰文呼籲促進改善台灣電影檢查和電影輔導至少幾十萬字外，四十年代，內政部設跨部會的電影輔導會議，也是由黃仁協助警政司主管電影科長姚榮齡草擬輔導國產電影計劃十條，內政部部長鄧文儀主持這個會議，最後雖無具體成果，但促成教育部成立電影輔導委員會，展開實際輔導措施。宋楚瑜擔任新聞局長期間，實施電影檢查分級制度，也是接受黃仁建議，並聘黃仁擔任國際影展評審委員，一直延續十幾年。

18行政院獎勵國語片辦法轉變為金馬獎，也是接受黃仁於一九五六年起，每年批評獎勵國語片評審辦法，舊片魚目混珠，獎勵失當，錯失鼓勵實效等等諸多不當，建議仿照外國改設立電影獎，直到一九六一年行政院終於接受改為「金馬獎」。（詳見當年《聯合報》「藝文天地」版黃仁連續專欄，有時用筆名余心善或閩人）。

另一方面，美華週刊創刊時非常風光，社長曾是民族晚報經理，我向他透露今日電影經營困難，他與美華周刊老闆陳啟禮商量後，決定接辦今日電影，仍由我主編，給我月薪。陳啟禮表示由於黃仁在影圈信用好、聲譽好，他才會接辦。但是我搬進美華週刊後，才知他們是竹聯幫，立即搬出，果然一週後，陳啟禮等被捕，我自慶我的不貪救了我，否則被捲進去。

也由於我信譽好，我辦今日電影雜誌期間，很多電影廣告都是自動送上門，但收不到錢的廣告也很多，造成拖欠工廠印刷費3、4期，超過百萬元，印刷工廠老闆認我信用好，仍讓我印，我怪工廠老闆對我太好，才會害我愈陷愈深。今日電影會停刊，是我太座下令，當時仍有台中及台北錄影商願投資支持我，繼續維持下去，但我太太拿出殺手鐧，斷然拒絕，無可商議。另一方面，新聞局電影處也希望我停刊今日電影，才能擺脫與影片商關係，也才能參加金馬獎等評審和新聞局的電影檢查工作。

牢記父親遺訓

如今檢讀家書，有一點可以告慰父親在天之靈，那是一九四八年八月爸爸來信中說：「我再三告誡你，從業要一門深入、資格老、地位才穩，所謂不下深功夫，焉得生菩薩，處世求學，不外如是。」我編報紙影劇版、編影劇雜誌、寫影劇稿，可說是緊記父親遺訓，六十年如一日，從未間斷，在台灣電影圈內也建立了相當地位！

爸爸在一九四八年三月初的來信中說：「定兒你要孝心，只須把家庭建設起來，把身體保養健全，我便無掛念了」，這一點我也做到了，可告慰先父在天之靈。我三個女兒都在美國拿到碩士學位，都嫁得如意郎君，女婿都很能幹，自己也有好職業。男孩在台灣台大研究所畢業，是電腦公司小主管，很得老闆器重，媳婦也是台大研究所畢業，在氣象局工作，可說都是優秀科技人才。難得的是，都非常有孝心，尤其媳婦美而慧，善體人意，真是天賜的好媳婦。

《聯合報》創新和突破的回顧

《聯合報》創刊初期，無論財力、物力和人力，和當時黨營的《中央日報》、省營的《新生報》以及地方實力的公論報，都無法相比，業務上當然相差更遠。

但是《聯合報》在不到十年內，就已由落後前面的三大報而超越。其中的因素固然很多，但我認為《聯合報》領導階層一直在編務上領導同仁力求創新和突破的衝勁，該是以弱勝強，而且逐漸壯大的主力之一。

不論任何企業，決策者的領導方向如果正確，必然可以事半功倍，例如《聯合報》在先總統蔣公當選總統就職之後，推出一系列的「新政府舊課題」的專欄，對施政提出深切的檢討和建言，不論能言和敢言，在當時新聞界都是空前創舉，對當時的政府和民間都產生震撼性的力量，使朝野人士立刻對本報刮目相看。這是奠定《聯合報》勝利的大關鍵。

當然，當時《聯合報》還有見解獨到的「黑白集」，一流的海外專欄等等，都是他報沒有而我獨有的創新武器。尤其《聯合報》倫敦特派員、東京特派員都非常傑出。

我自覺很幸運的是，在《聯合報》創新和突破的政策上，也曾追隨領導者邁進而有過不少貢獻，還得過一座「日新又新」的模範記者獎，總算在本報三十年的編輯生涯中足可自慰。

首先在主編「藝文天地」之前，我曾負責編過一個短期的週末版，就有新的設計，其中有個「小舞台」的評論欄，由兩人對談一部片，從正反角度評論，既客觀、公正又有趣，我是模仿相聲設計，在以往報上還沒有過類似形式的邊欄，可惜後來沒有人能寫。

《聯合報》「藝文天地」創刊初期，範圍包括電影、戲劇、音樂、美術、舞蹈、體育、文藝等的活動、掌故、評論，在我國報業史上是從未有過的版面，既非靜態的副刊，也非動態新聞版，而是溶合兩者於一爐。我當時設計了平劇和影壇的趣事回顧，迎合一般讀者，而以各項論評適應高級知識分子的需求，達成雅俗共賞的目的。

當時台灣的藝術活動還少，文壇倒出現不少新女作家受人注目，我曾請人寫了幾篇書評，把她們評得哇哇叫。後來版面擴大，由五批增為七批，又把文藝活動和體育剔出，使得藝術化的內容更單純。

《聯合報》「藝文天地」刊出一年多後，他報也有類似影劇版跟進，但都偏重花花草草的影藝新聞。我卻覺得當時台灣的藝術文化太落後，作為一個報人有推動新文化苗芽蓬勃的使命感，必須走在群眾和業者的前面。因此我請當時在中廣主持音樂節目多年的王沛綸先生負責音樂邊欄稿件，他是唯一精通中西音樂（出版過「音樂辭典」），又超越師大派（上海音專）與福建幫（福建音專負責省交響樂團）的中立人士，再請受過日本教育師大畢業的施翠峰先生主持美術專欄，他學西畫，也鑽研國畫理論，請蔡瑞月主持舞蹈專欄（魏子雲代筆），民族舞蹈當時很受重視。曾考取公費留學莫斯科電影大學的台製導演白克寫影評，並約請西班牙的蕭勤擔任歐洲繪畫新思潮的報導和評論，也約人將法國新浪潮電影整批引進，還請電懋三巨頭之一的黃也白寫香港影訊，名才子王植波寫電影欣賞，導演易文也寫過不少報導，可說都是一流陣容。後來版面擴大至十批，足證當時的設計受歡迎。

還有幾點值得一提的是：

1建立音樂專業評論：以往我國新聞界，包括上海時代的報紙，音樂評論都很貧乏，本報音樂評論執筆人卻先後有朱永鎮、李九仙、蕭而化、劉德義、鄧昌國，國樂有梁在平、何名忠等等名家，尤其劉德義的評論影響力極大，因此由波士頓交響樂團到沈愫芝獨唱會，沒有錯過任何一場音樂會。也因此後來成為民生報總主筆的張繼高先生，當時自動要求為本報寫音樂專欄兩年多。

2建立了美術評論：無論每年的省展、蘭陽美展、五月畫會，……都有評論，除了施翠峰執筆外，畫界很多名家都曾參與執筆，包括李仲生教授、梁在平教授、李九仙教授。當年台灣新繪畫運動的旗手劉國松還是師大學生，現已成為國際畫壇名教授，每次回國，仍難忘過去一段短暫的交往，總會打電話聯絡，來信感恩，現仍保留。

3重視本土藝術：本報在大批引進歐洲的新繪畫、新音樂、新電影的同時，也不忘本土藝術的發展和整理，尤其台語片興起時，各報都不重視，只有我不但重視他們，而且兩度到台中訪問，何基明仍非常感激，他在中視退休後仍常主動和我聯絡。

同時，本報對原住民雕刻、歌仔戲、皮影戲、布袋戲、車鼓歌、以及鄉村戲院都有過評介，因此我雖然只會說簡單台語，卻有很多本省朋友，有一位鄉村戲院老闆，至今仍常來電話。

4改變了學術界和文藝界對本報的觀感：當時的學校和文藝界都是訂閱《中央日報》，有些學校並懷疑《聯合報》靠社會新聞起家，對我們有不平等待遇，可是，我爭取寫稿的作者，又都是大學的講師或教授。我找黃君璧和梁實秋等寫稿時，他們從未看過《聯合報》，由於我一次兩次登門拜訪的誠意，他們還是答應寫稿。也逐漸改變他們對《聯合報》的觀感，不少教授公家訂《中央日報》，都私自訂《聯合報》。

當時，我不但要親自登門邀稿、取稿，刊出後，又都分別替他們寄報紙。過年，還去拜年，有一年幾乎走遍師大每一間宿舍。比起現在編輯的清閒，實在難以想像，當時我為公事額外付出時間，又完全自掏腰包付車費，都無絲毫怨悔。

台灣報紙的影劇版，請專門的影劇記者，也是本報首創，以後各報才陸續跟進。

在姚鳳磐擔任本報影劇記者之前，台灣各報的影劇新聞都是由文教記者兼任。記得香港大批自由影人第一次回國時，都住在北投三家旅館，當時本報文教記者還是後來駐韓國的劉宗周兄負責，他陪我到北設訪問李麗華，不料李麗華很晚才回到旅館，第二天起床遲，化粧好馬上要出發，沒有時間談話。我和劉宗周自己花錢在北投白住了一晚。還好李祖永替我安排單獨訪問葛蘭，替她寫了一篇首次回國的觀感，總算有些收獲。

當時，李祖永對我非常感激，政府借他五十萬元港幣，是《聯合報》一家報紙替他不斷的呼籲爭取到的。以後香港自由影人對《聯合報》非常重視，也是由於李祖永事件的成功造成。

後來，美國華文《世界日報》創刊，我負責編台港影劇版，首創標題用照相打字，並由美工以方塊併版裝飾版面，給讀者耳目一新的美感，帶動本報系逐漸進入美工編輯時代。

當時民生報尚未創刊，《世界日報》影劇版的編輯必須包辦內容，要花很多時間剪報、改寫，以後請來記者，又得從頭訓練，但是我樂此不疲。

我編通訊版時間很長，也有過不少創新的做法，並在標題和版面上曾力求創新和突破原有形式，曾有人反對，但得到通訊主任的全力支持。在南區的通訊會議時，高雄特派員曾在社長面前推讚我是老編輯中，最有新頭腦的編輯。

《聯合報》由黃年擔任總編輯時，版面和標題的全面革新，是本報形式上最大的一次創新和突破，不久，全省各報都紛紛跟進，證實本報的報紙新美學，是領導中國報業的一次重大進步，使本報在新聞事業的競爭上，穩居於遙遙領先的地位。

我從腳踏印報機時代開始做報人，到退休時隨著時代的進步進入全面電腦化時代作業，歷經多次改革親身體驗到做一個報人，必須時時刻刻都要求自己創新和突破，才能保持作為一個報人的銳氣，願與新進同仁共勉。

以印刷工人為師，以軍人作戰策略辦報

王惕吾創造的「《聯合報》精神」

以印刷工人為師，從旁聽開始學習

一九五〇年（民國三十九年）元旦起，軍校出身的王惕老脫離軍職，投身新聞事業，接辦民族報，他原是新聞界外行，但學習心強，以印刷工人為師，不恥下問，從了解印報流程開始，摸清每一部門的重要性，數十年後成為兩岸三地的中國報業大王，香港星系報負責人胡文虎女兒胡仙也甘拜下風。

王惕老開始辦報，就有正確觀念，將報紙當作生產事業，用企業化經營，而特別重視執行生產的編輯部，產品是否優良，是決定事業前途的命脈，因此一切以編輯部為優先，對編輯的要求也特別嚴，主張「版版權威，進步再進步」，徹底改變中國文人辦報的傳統作風。

當時，王惕老每天和編輯部同仁一起熬夜、看寫稿、看編報，要求報社主筆每周下午要開社論會議。惕老從旁聽生開始，充實自己新聞知識，開拓自己眼界，參加研究社論的討論會，是進修的最佳途徑。他坦言，社論幫助他作報人的成長最大，《聯合報》時代，社論會議每週一次，他都要參加，直到《聯合報》事業龐大，他在百忙中對每篇社論仍要過目，有空還要讀副刊，他曾告訴同仁，讀副刊可幫助文字修養的進步。辦民族報時，編務會議他也是旁聽生，當時他的家眷還在臺中，惕老以報為家，在一間斗室辦公，兼做臥室。家搬來臺北後，每天騎單車上班。到《聯合報》時代才改坐三輪車。

惕老在「報學」發表過「辦報十五年」，文中提到接辦民族報時，銷路不到三千份，廣告極少，入不敷出，資金週轉困難，白天奔走頭寸，以維持員工生活及報紙出版，晚間照顧編輯部、印刷廠，身心皆困，有如無米下鍋的主婦，終日徬徨焦慮，不能自己，這是惕老辦報最艱苦階段。惕老曾回憶說：「儘管當時辦報萬分艱難，努力往往事倍功半，但決不氣餒，仍努力學習，儘量把握機會。」

一九五〇年六月二十五日，韓戰爆發，美國總統杜魯門下令協防臺灣，連串震撼世界大新聞，惕老把握機會，排除困難，出版民族報第二次版，利用原來的一張半報紙篇幅，早晨送一大張，下午三時再送半張，不另收費，等於讀者出一份錢，看兩份報，這種求變的經營方式使業務大有好轉，引起《中央日報》同仁效法，跳出來創辦大華晚報，因此民族報第二次版也就改為民族晚報。民族晚報創刊後，當時報紙經營仍常十分困難，沒有廣告，訂戶稀少，惕老邀請全民日報林頂立，經濟時報范鶴言，與民族報合併，出聯合版。

王惕吾美夢成真

當時三家民營報三個老闆合作，各有各的能力，加起來可觀，但各人的背景不同，作風不同，怎能合作長久？沒有想到居然合作了廿多年，成為全球最大的中文報系才分手，此時基礎已很穩固。

他們的合作從開誠佈公到法院公正兩個階段。第一階段，三人分工合作，彼此互相尊重，財務公開，建立制度，盈餘不分配，投資再投資。三個老闆各人發揮所長，林頂立爭取不少省議員辦《聯合報》分社，有助地方業務開展，范老闆負責資金週轉，每次發薪水都是范老闆向銀行調頭寸。王惕老盯住編輯部，提升見報品質。

第二階段，將三報名字從「聯合版」改為「聯合報」，重新登記，由王惕吾擔任發行人，范鶴言擔任社長，因案入獄的林頂立由夫人為代表擔任監察人，曾去法院公證。王、范兩人除《聯合報》合作，還有其他事業合作。從社刊上，還可看到兩人合作的親密關係，例如，王惕老從國外歸來，范鶴老必到機場迎接，反之，范鶴老從國外歸來，王惕老也會去接機，凡有社方頒獎，招待外賓等等，必然兩人都會參加或分別主持。

直到一九七二年和一九七三年，經王永慶的進出《聯合報》後，《聯合報》系才成為王惕吾的個人事業，正符合了自助、人助、天助三個條件，王惕吾真正美夢成真。

以《中央日報》為假想敵

《聯合報》在西寧南路的草創初期，很艱苦，發行主任應人，是追隨惕老的舊部屬，在惕老擔任團長的警衛團也當過連長。前文已提到，他奉命拿了廿份報到臺北火車站的《中央日報》營業部發行組，請求交換受辱。當時《中央日報》的紙張、印刷、內容、版面，確是都比《聯合報》好。應人將情形向惕老報告，惕老並沒有生氣，反而肯定《中央日報》驕兵必敗。為免洩氣，他吩咐應人不要對外說，一直隱瞞到《聯合報》無論發行、廣告、內容都超越《中央日報》時，應人才透露出這段往事。

外人多以為《聯合報》的競爭「敵人」一直是中國時報，其實最早的假想敵是《中央日報》。當時的臺灣報業，《中央日報》無論設備、發行、廣告、紙張，都是排名第一，而且當時國民黨是執政黨，勢力大，除了政府機關公告要登在《中央日報》外，機關、學校、軍隊、監獄，都奉命一律要訂閱《中央日報》，《聯合報》則因新聞版以社會新聞為主，學校、軍隊、監獄奉命不能訂閱，排名最後。要以最後一名來戰勝最前一名，以當時中央、聯合的條件，環境的差距來比，幾乎百分之百是不可能，但是惕老硬是將不可能變為可能。

《聯合報》與《中央日報》之戰，從鄉村到都市，從編務到業務，幾乎《聯合報》都能很順利的反敗為勝，只有挖角戰，在第一次遇到了挫折。

挖角戰勝負互見

當時，《中央日報》的編輯部都是「政大幫」，只有實力派編輯主任鄭炳森（筆名老沙），是唯一不屬政大系統，當了多年主任沒有升官，他當時替民族晚報寫方塊，是出名才子。王惕吾托中央社總編沈宗琳遊說，希望他到《聯合報》擔任總編輯，一切條件依他，鄭炳森擔心《聯合報》三個老闆合作不穩，未接受。十多年後，鄭炳森到香港邵氏工作，太太住不習慣，很想回來臺灣，希望《聯合報》聘他，既有面子，工作也適合，結果我向惕老反應竟無下文，是否還記恨當初優厚條件邀他不來的不愉快？我想惕老當初既然知道老沙是個難得的人才，作為一個愛才惜才的大企業家，為何竟記恨當年被婉拒的往事，未免胸襟不夠寬大，這點令人不解。

不過，《中央日報》外埠記者跳槽到《聯合報》的不少，惕老傳話，一定要最優秀才接受。當時，臺南、岡山、鳳山等地，都有《中央日報》記者跳槽《聯合報》，他們能力很強，操守也好，在《中央日報》缺少發揮機會，寧願到《聯合報》，天天可以接受挑戰。

攻其不備，知己知彼

《聯合報》與《中央日報》之戰，是從攻其不備著手進軍，惕老也完全掌握了知己知彼的情況。

《中央日報》方面，並不知道《聯合報》是「敵人」，也沒有把《聯合報》放在眼裡。可是《聯合報》從重要新聞、地方新聞到廣告、發行、地方分銷，每天都有報表，都有兩報的比較。惕老要求業務單位，在提報自己業務時，要附帶提報《中央日報》的情況，並提出兩報的差距，可能惕老比《中央日報》的主管更了解該報的情況。

台灣的報業，大多疏於管理，上下溝通不良，我在臺灣工作過的報社起碼五、六家，沒有一家像《聯合報》這樣有制度、有管理，連每一位編輯，每天工作結束後，也要寫工作日誌，說明發了那些重要新聞，對報社有何建議等。當然，外埠記者更有工作簿隨稿送來臺北，每天要寫題綱，成為聯絡簿。外縣市的特派員，不但要寫新聞，還要報告對手報的發行數字。這可說是一種練兵，將與兵溶為一體又上下意見暢通的戰鬥方式。

各業務單位除了每天要開會檢討，每天也有報表，內容包括幾點發報，幾點出報，廣告有多少，訂戶有多少，本報與對手報有多少成長、差距，一目了然。作為最高統帥的惕老和各單位主管都能掌握情況，總編輯、總經理、採訪主任、發行主任、廣告主任，每天都要參加惕老主持的早餐會報和檢討會。

發行組主任應人對送報生，每週都有精神講話，有如軍隊訓練。對外埠業務單位的業績成長要求更嚴，每個地區每個月都訂定目標，提早達成目標者有重賞。每年社慶頒發的業績優勝獎金，都是逾千萬元，數目非常可觀。所謂重賞之下必有勇夫，《聯合報》就是靠重賞，業績直線上升。

民營報團結對抗

《聯合報》剛出版不久，還未建立基礎，當然尚未受政府重視。惕老深知團結的力量，於是發起組成民營報業聯誼會，邀各民營報參加，共同爭取民營報的權益，又組民營廣告聯誼小組，隨時交換廣告情報，成為對抗《中央日報》的組織，他報不了解其中恩怨，其實並非單純的「公營、民營」之爭。

民營報集體向國民黨中央陳情的第一次，是爭取政府機關的公告廣告，主張公、民營報應一律平等，包括法院公告、稅務公告、招標公告等等，都要分刊民營報。有關方面全力支持協調，使民營報從此也能分享公告廣告的一杯羹，只剩教育部每年的教科書廣告，限於經費只登在《中央日報》。

分類廣告之戰

廣告第二戰，是分類廣告。這原來也是《中央日報》居優勢，但與政府無關。分類廣告因與讀者生活關係密切，本身有可讀性，故必須爭取。《聯合報》為此擴大分類廣告版面，訂立許多優待辦法，又利用公共汽車票亭代收廣告，鼓勵排字工人白天利用電話代收，這對廣告客戶非常方便。由於各報競爭激烈，有承攬分類廣告的代理商進行效果試驗，證實《聯合報》的房屋出租、出售、求才、求職的分類廣告效果，勝過《中央日報》，這樣一來，《聯合報》的分類廣告成長迅速，把《中央日報》客戶逐漸搶了過來。

為了爭取廣告，《聯合報》廣告組也曾公佈讀者分析表，《聯合報》讀者多是無殼和無職者，要找房子、找職業者甚多；《中央日報》讀者多是機關、團體、公務員、學生，對分類廣告的需求不大，從《聯合報》的零售報銷路一直上升，也可得到證明。軍中、監獄不能看《聯合報》或看不到《聯合報》的讀者，都利用外出機會買零售的《聯合報》或私訂《聯合報》。

《聯合報》精神

惕老辦報成功，最引以為自傲的不是「一報變七報」，而是領導同仁創造了「《聯合報》精神」，成為《聯合報》企業文化，鼓舞士氣，凝聚力量。惕老有不眠不休、努力不懈的牛勁（生肖屬牛），帶動工作人員一起奮鬥。《聯合報》創刊的頭幾年，惕老幾乎每天都是凌晨才由《聯合報》下班回家，第二天上午又很早到班，召開各單位當天的檢討會，各部門主管不能不提早上班。惕老激發員工創新、突破的潛能，成為一種《聯合報》的精神。

《聯合報》首任總編輯關潔民說：「《聯合報》精神就是王惕吾精神。他把他創業的精神灌注給《聯合報》每一個同仁，始有今日這份成功的報紙。」

惕老說：「《聯合報》精神，很像中國傳統的『家風』，在一個大家庭裡，所有的老老少少，各『房』各支，都深深為這個大家庭擔負一分責任，提供一分貢獻，而共同維護家庭的榮譽與利益，所以，《聯合報》精神，成了一種全體員工自動自發的努力精神，而又成為《聯合報》的傳統，為新的成員所接納傳承。」

惕老曾以大家長身份，分批邀請報系編輯夫婦午宴，飯後分別攝影留念，每次十對夫婦、兩桌，展現親切的親和力，令每個家屬難忘。惕老認為要編輯表現好，另一半賢內助的助力很重要，這正是惕老能發揮員工的《聯合報》精神的功力所在。我的內人就一飯難忘，她認為一個擁有上萬員工的大老闆，能夠注意到每一個小編輯的夫人，和這些黃臉婆們排排坐話家常，很了不起。惕老還能對每一位編輯的太太，說出她丈夫的個性喜好，又提出忠言，更令太太們折服，可見他對主要編輯人員的了解之深。

可以說，惕老不僅把《聯合報》精神灌注到每一個員工身上，而且進一步灌注到員工的太太身上，使這些太太們也能以《聯合報》為榮，替《聯合報》監督丈夫做好工作。可見這「一飯之功」的無形力量之大，在臺灣新聞界可能只有惕老有此認識。現再舉數例如下：

例一，一九五八年（民國四十七年）七月五日，《聯合報》發給全社員工一百七十一人各一封文件「為確定本報今後經營方針再致全體同仁書」，信裡列舉五大項目，每一項目有三條選擇題，其中「主張堅持本報正確立場時，不計因此招致艱難者為百分之八十一」。社務會議因此作成決議：

> 本社全體同仁，此次所表現對新聞事業的忠誠，對本報的堅強支持，並願於本報遭受無端打擊致不能繼續經營時，放棄個人生活要求，深值欽佩感慰。

可見《聯合報》當時經營之困難，同仁同心協力，不避艱險的決心，必要時放棄個人生活的要求，這正是《聯合報》創業的精神團結的表現之一。

例二，一九七八年（民國六十七年）十二月十六日，中美斷交，《聯合報》各版都有傑出表現，最難得的是聯合副刊，只一個下午時間，就換出全版國內外作家的抗議言論，王惕老在十七日報紙出版後嘉勉說：「十七日的報紙，是《聯合報》二十九年來表現最傑出的一次，為國內任何報紙所不及，自第一版到副刊，我都非常滿意，是《聯合報》精神最高度的發揮。」

例三，一九七七年（民國六十六年）政府興建北迴鐵路，新聞局邀各報採訪主任到東部參觀訪問，在崇山峻嶺的崇德隧道工地，工人對《聯合報》採訪主任陳祖華說：「只有《聯合報》每天都在當天送到工地，其他各報都是第二天才寄到。當地所有工人，都對《聯合報》的服務精神十分欽佩。」陳祖華與有榮焉，特在社刊寫了一篇報導「可敬的送報生」，說明《聯合報》的成功，是全體工作人員共同努力的成果。

劉昌平說：「王惕吾先生的領導有方，辦報有如整軍、練兵、用兵，更增進了凝為一體，向前推動的無比力量，故能戰無不勝，開創出五十多年來，遍布全球，在中文報業中空前龐大的《聯合報》系企業！」

例四，一九六五年（民國五十四年）三月二十七日，一對登山情侶，要在海拔三千九百九十七公尺玉山頂峰舉行婚禮，《聯合報》要將結婚照片當天晚上送到臺北，第二天見報，這幾乎是不可能的任務，《聯合報》卻做到了。通訊組主任劉潔派記者韓漪前一天到嘉義，次晨五點半登玉山，十時半婚禮剛舉行，韓漪拍到結婚照，即拔腿狂奔排雲山莊，以一小時廿分快步，到多多加鞍部，又以三小時半時間，穿越無人跡無路的沙里仙溪峽谷，在那裡安排接應吉普車，韓漪上車趕到臺中，在車上只吃兩顆茶葉蛋，立即趕回臺北交採訪組，正趕上發稿時間，第二天見報，讀者無不驚奇。這是採訪組、通訊組聯合作戰成功。由於這新聞擴散性強，也造成報譽的提升。

例五，一九八二年（民國七十一年）春節，紐約大風雪，交通癱瘓，積雪兩尺，很多機關都無法上班，北美中文《世界日報》照常出報十二大張，據說，多位同仁都是冒風雪步行兩小時到報社上班。惕老說：「這是《聯合報》精神帶到紐約發揮。」

例六，一九八六年三月十日，記者周玉蔻秘密到馬尼拉，透過管道，獨家訪問到剛當上女總統的柯拉蓉，使《聯合報》在國際上都很光采。惕老立即頒發獎金四十萬元，在臺灣新聞界是空前大手筆。

大颱風之夜社長涉水到報社

在《聯合報》創刊初期的那幾年，發行組應人常常在清晨兩三點鐘就跑到報社，看報紙包裝，運上火車。有時他會騎著腳踏車，跟在一個報童後面，去看送報的情形。他訓練報童勤送報，有他自己的創意，譬如把報紙投進信箱時，一定要喊一聲：「《聯合報》來啦！」

一九六三年（民國五十二年）九月葛樂禮颱風來的那一天，臺北市的所有報紙，都因斷電而無法出報，以致停送，祇有《聯合報》自己發電，照常出報。那一天是九月十一日，應人召集臺北市一百二十個送報生中，僅有兩人未到，而未到的理由則是住的地方被水圍困。那一次《聯合報》所作的為讀者服務的表現，曾在讀者間造成極好的印象。那次颱風，社長范鶴言曾在午夜涉水跑到報社，指揮工作，並慰問員工。

在這裏值得大書特書的是在那次颱風中，有很多報童，頭上頂著報紙，涉水送報，甚至有水深及腰的地區的讀者也在家中收到了《聯合報》，他們紛紛來電話稱讚送報生。關於范鶴老颱風夜上班一幕，當時《聯合報》社刊有更詳細敘述，社刊第二十四頁〈瞭望集〉：「葛樂禮颱風帶來豪雨，九月十一日臺北市發生本世紀以來最大的水災，本報總社在北市西門町康定路，積水逾膝，通至總社的成都路、峨嵋街、武昌街等處，無不洪水過腰，夜間十時許，范社長雖已六十高齡，仍冒風雨，打著赤足，捲起褲管，自西門圓環踏水至報社，對冒風雨上班的編採同仁慰勉有加，社長此種精神，使全社同仁至為感動。」

以作戰策略辦報

軍人出身的惕老，將辦報視同作戰，報社組織，視同軍中組織，他首先在採訪部成立聯絡中心，這在中國報業史上是首創，任何外出或休假的記者，都要和聯絡中心隨時保持聯絡（當時還沒有手機），聯絡中心了解任何記者、任何時間的所在地。記者有新聞線索，隨時回報聯絡中心，該中心即可通知相關記者出動。不會再有新聞發生找不到記者的現象，也不會再有白天的編輯部找不到人的問題。

惕老在編輯部又設編政組，成為編輯部與報社行政部門、財務部門、通訊部門、採訪部門的聯絡站和供應站，編採部門需要工具、零用錢等等，編政組都可隨時供應，相當軍中的聯勤組織。同時對採訪新聞、推廣發行、爭取廣告都可視同作戰，運用戰術和戰爭術語，有所謂「聯合作戰」、「總體作戰」、「支援作戰」及「配合作戰」等不同戰術，惕老親自參加地方通訊會議，稱為「最高統帥參加前線作戰會議」。對各地採訪或業務單位有鼓舞作用。他們面臨何種挑戰、何種困難、需要後勤如何支援等均立即解決。還設立報紙之間的「間諜組織」，當時《中央日報》、《中國時報》的發行有多少，聯合都很了解，沒有間諜怎能做到？

《聯合報》企業文化

一九九一年五月，惕老曾在《聯合報》系月刊上發表一篇〈《聯合報》精神與《聯合報》企業文化〉，對這一理念作更深入的剖析，這裡摘兩段如下：

> 《聯合報》的由小變大，《聯合報》系的由一報擴大至七報及許多其他文化事業，《聯合報》系由國內發展到全球各地，基本上是「《聯合報》人」由個體到整體不斷創新、突破、落實、自我超越的發展。《聯合報》精神，也就是在報系全體同仁在負責合作中表現的團隊精神。《聯合報》企業文化，也就是人盡其才、人獻其力所表現的經營文化。
>
> 　　在我們的員工裡，有一種信念已成為大家的口頭禪，大家都習慣的說：「我以《聯合報》為榮，《聯合報》以我為榮。」……報系是一個大家庭，我們相處有如家人，我在公開場所對報系同仁，便習慣用「小兄弟、小姊妹」稱呼，我視同仁如家人，同仁視我為家長，我這家長平日關心的是報系同仁的福利，如何設法提高大家的收入，改善生活條件與品質，增進家庭的幸福，鼓舞

大家的工作熱誠。我雖然是大家長，但在經營上非常重視同仁的參與，聽取他們的意見，尊重他們的權益。以《聯合報》產業工會的成立為例，我不但樂觀其成，也常常邀約工會幹部餐敘談話，瞭解他們對報系經營的看法與主張，我並且將工會幹部列入報系工作會報的成員，共同討論報社的經營問題，絕不把工會以一般的勞資觀念看待，而把工會看作報系的有機體。我的家長角色，是照顧全體同仁，作為事業的舵手與帶動者，我並不重視權威，我在報系管上的權威，是產生於報系同仁與我在經營信念的共識，大家信賴我，而形成我為人人，人人為我的共同關係。

一九九〇年代，《聯合報》系設立診所和托兒所，由臺大醫師兼任，員工完全免費看病，免費托兒，就體現了這種精神。

資助貧困學生升學

一九五五年，《聯合報》還在經營困難階段，王惕吾得知一位原住民青年考進私立醫學院，正面臨無力繳費的困境，惕老即商得范社長同意，以報社經費捐助該生四年全部費用，使此君得以順利讀完四年，完成學業，成為臺灣第一位原住民醫生。
《聯合報》建立基礎，業務迅速成長後，當然惕老更可放手助人為樂。「美國新聞與世界報導」前總編輯、美國新聞總署副署長馬文・史東，在一次以「王惕吾・一位資深記者」為題的學術演講中，稱讚「王惕吾先生是軍人轉變為企業家、政治家、藝術與文化的贊助者，也是一名慈善家」
無論這位美國友人對惕老讚譽有無過譽之詞，據筆者追隨惕老四十多年所知，惕老確實是對有志上進，而家境苦難者的活菩薩，其中以在體育方面有專長的青年受惠最多，因為惕老曾任田徑協會理事長，據估計，惕老捐出獎助培養體育人才的經費超過一億元，紀政只是其中之一，在天下出版社出版的〈報人王惕吾——《聯合報》的故事〉一書中有詳細的敘述。
不過，我想用功好學、力求上進的美女如有困難，惕老當然更樂於支助，惕老逝世時，名伶郭小莊會哭倒靈前，也該是原因之一。女畫家梁丹丰環遊全球寫生、女作家三毛遊中南美等等都曾得過惕老的資助。
當年白嘉莉被魏平澳揭發成名前的戀情時，曾求助過惕老，因為他手下媒體多，希望封殺魏平澳的有關稿件，總編輯轉告我惕老的指示，又將綜合電視週刊刊登高愛倫代白嘉莉寫的自傳，交我在美國《世界日報》臺港影劇版連載，也許因而被圈內人渲染出不少風風雨雨，但都只是傳聞而已。憑自己聰明好學開創前程的白嘉莉，早已是萬人迷，愛才愛美的惕老寵愛晚輩，也是人之常情。惕老過世時，白嘉莉自印尼專程返國弔祭，王夫人把她當女兒般看待。而且豪爽的惕老，在這方面從不避諱，也可能造成有些人美麗的誤會。

有一次，某主管帶《世界日報》新到職的美女影劇記者拜見董事長，惕老即情不自禁的摸她的手，女記者也很大方討好老闆，倒是那位主管在場很尷尬。

員工共享業務成果

惕老可能是中國報業史上第一個主張與員工共享成果的報業老闆，一九五五年（民國四十四年）起，《聯合報》實施業績獎金制度（可能是受王永慶的影響），為增加發行有費報十萬份，發給獎金廿級基數，以後每增加有費報兩萬份增加一級；廣告以每月廣告額一千萬元發卅級，以後每增加一百萬元加一級，到一九七八年（民國六十七年）將業績獎金改為績效獎金，每月從盈利中抽出百分之二十五作為獎金分享同仁。

這時又訂定酬勞股發給辦法，規定服務四年以上的員工，都可發給酬勞股，每年按盈餘發給股息。可惜以上這兩項福利措施，在第二代接棒後全部取消，股權收回。我本有兩千股酬勞股，報社以廿萬元補償收回，使惕公當年對員工開出的「同有、同治、同享」的支票全部跳票。王惕老為照顧退休員工，銀行存款三億，以利息作退休員工醫療、喪葬補助，也年年減少，原因是退休員工增加很快。

《聯合報》業績能從遠不及《中央日報》和《新生報》的困境，十年間就超越兩大報，惕公的獎勵辦法發揮極大功效。發行部各分支單位，每月都訂定目標，競爭極為激烈，中部有一個辦事處的業績按時突破紀錄，惕老親自招待這辦事處主任在臺北希爾頓大飯店共進午餐，這對鄉下人來說，是畢生難忘的榮譽。

《聯合報》發行、廣告都遠遠超越《中央日報》後，第二個假想敵才是《中國時報》。

員工有過，鼓勵帶罪立功

惕公很念舊，對軍中追隨的老部屬特別照顧，有一位老部屬管倉庫，他將內存的加拿大捲筒紙以多報少，將來可轉賣貪污鉅款，被發現後處停職留薪一年，予自新機會，每月薪水照發，不必上班，犯過的員工面對老闆這樣的大恩大德，豈能不慚愧自省？《聯合報》記者遺漏重大新聞詳細記載，在工作日記上從不處分，使他能戴罪立功。這都是《聯合報》能激發員工潛能，發揮《聯合報》精神的動力。

我在《聯合報》編新藝版期間，約聘的駐港記者王會功遭電影界排斥，據說邵氏公司有不少不利王會功的報告傳到惕公手中，我很替他擔心，結果風平浪靜。據說是卜少夫在惕老面前說：影劇圈是非多，要信任自己的記者。惕公對倫敦特派員周榆瑞和東京特派員司馬桑敦特別照顧，除了獎勵，還邀他們回國旅遊。他們回台後住在王惕吾家裡，惕老當自己人招待。兩人都很賣力工作，表現優異，對《聯合報》報譽的成長貢獻極大。惕老在這方面似了解「心有多寬，路有多寬」的哲理。

《聯合報》不只在業務上賺錢，在炒地皮上更賺大錢。臺北東區原來只三棟大樓，現已增為六棟。在美加地區，《世界日報》分支社都建大樓，光是紐約《世界日報》總社的六層大樓後面，就有可停放兩百多輛卡車的大廣場。對照原有華文報的簡陋房舍，真有天壤之別，而且美加地區《世界日報》的許多大樓都升值很快。王惕老生前在中國大陸也投資房地產，主要集中華東地區，其中在他的家鄉浙江省東陽縣，他曾捐出三百萬美金在東陽中學蓋了一棟體育館，設備新穎現代化，是浙江數一數二的體育設施；另外在市區也建了一座現代化的醫院，算是對故鄉的回饋，並非為賺錢，當然還有其他可以賺錢的土地。

全球華文報業大王王惕吾

《聯合報》系創辦人王惕吾先生，不僅是中國新聞史上空前的成功人物，也是中國文化事業少有的千億富豪，但在台灣富豪名單和世界富豪名單上從未上榜。

不少台灣報紙、雜誌雖然登過多篇有關王惕吾的事蹟，天下出版社也出版過「報人王惕吾」一書，但是沒有人說他是「千億富豪」，也沒有人從他經營報業成功的理念分析。事實上惕老是否可稱千億富豪？只要從《聯合報》系的資產稍為估算一下，就可達新台幣千億元之鉅。這是台灣經濟奇蹟中的奇蹟，是提升中華民國文化形象的「最佳獨家報導」。

國際金融界、工商界、文化界只知道台灣的王永慶是石化、塑膠業「經營之神」，如果知道文化界也有一個「報業經營之神」，豈不更要對台灣刮目相看？尤其惕老從一個「難為無米之炊」[1]的窮報老闆，變成事業環繞全球的千億大亨，更是全世界中國人的驕傲！

王惕老的報業王國，國內有《聯合報》、《經濟日報》、《聯合晚報》、《民生報》，總發行量曾逾三百萬份；還有英文中國經濟通訊社、聯經資訊公司、聯經出版公司、《聯合報》文化基金會、雷射彩色印刷公司、貨櫃運輸公司、聯合文學、歷史月刊、《聯合報》航空版、樹林戰備工廠等；還有南園休假中心，佔地五十甲；東區五棟大樓，以及康定路、汐止、林口等地都有數千坪大樓，價值難以估計。

國外，北美《世界日報》已分為五報：紐約《世界日報》、舊金山《世界日報》、洛杉磯《世界日報》、多倫多《世界日報》、溫哥華《世界日報》均各自獨立經營，都有十幾個分支機構，並伸展到中南美；又有世界電視台和世界書局，配合經營，一個地區的世界書局就有八、九個門市部。

巴黎的歐洲日報，發展較慢，但已有倫敦、荷蘭分社。曼谷《世界日報》及香港《聯合報》（雖停刊改為新聞中心，大樓仍在）等都有大樓。加上國內外共有九處印刷廠，其中國內台北、林口、台中、高雄四處印刷廠，共裝設最新七部美國高斯及七

1 易惕老「辦報十五年」中所述。

部海力斯高速輪轉彩色印刷機，每部單價新台幣三億元。國外在紐約、舊金山、洛杉磯、溫哥華、曼谷等地區都有同樣彩色設備的印刷廠，不算廠房、土地，光是全套印報機和自動化包裝、運輸系統就值幾百億元。

另外，惕老在舊金山還有豪華私人別墅。

一九九一年九月二十五日，惕老在美國又投資設立「中藥科學研究中心」，由史丹福大學醫學院醫師沃正剛主持，已有多項新藥獲得專利運銷全球。這個中心的投資額高達數千萬美元。

從以上這些資產估計，全球廿多棟大樓價值多少？南園五十甲土地和古典式建築價值多少？十二報完全電腦化的自動生產設備值多少？其實已不止千億了，何況這些事業的業績都仍在不斷的成長中。

惕老自稱《聯合報》系是環繞地球、環繞時鐘、全天候的世界性龐大報業集團，全世界報業史上也少有。

台灣報紙業，大多仍在苦哈哈的情況下硬撐，為何惕老能有這樣大成就？當然成功的因素很多，這裡只略提近因，有下列幾點：

惕老對付「敵人」往往能反敗為勝，肆應政府的諸多限制，又能化不利為有利。早期與《中央日報》競爭，與「文化旗」之戰，都是反敗為勝的例子（另文敘述）。

再以幾年前，「拒看《聯合報》」運動為例，李登輝以國家元首之尊，與民進黨人結合，發起「拒看《聯合報》」運動，結果《聯合報》以真理打敗這次處心積慮的陽謀，高喊不看《聯合報》的，反而灰頭土臉地天天要看《聯合報》。當讀者對《聯合報》的信賴度超過國家元首時，什麼惡言中傷、什麼拒看運動都沒有用的[2]。

這裡就「化不利為有利，化逆境為順境」來談談，這是任何事業成功的捷徑。不過這些本事不全是惕老個人智慧，而是他善於「帶兵帶心」，擅長博採周諮發揮了部屬的智慧。例如廣告「縮版」，是廣告部想出來的花招，突破「限張」不利因素，變為以低成本創造高利潤的法寶，既有增張的利益，卻無增張的負擔，比真正增張更為有利，這就是化不利為有利。方法是利用照相縮小方式，使原來二十批版面，可增為二十四批至三十批；原來橫寬一百行，可增為一百三十行。照相縮小後，版面仍是二十批、橫寬一百行，實際卻有二十三批至三十批、一百三十行至一百五十行的容量，比原來增加一倍至兩倍。換版，則是換一次，增一倍。

多年前，《聯合報》每天的分類廣告已成長到三千批，實際所佔版面不到三百批，以不到三百批的版面，實收三千批的費用，每天盈利有多少？由於取消限張，每

[2] 摘自聯合報系月刊一六〇期、五十三頁。

天有多少廣告都能消化，新辦的報紙更難有分一杯羹的機會。

王惕老對報業有一個了不起的新觀念，是將報業當作「文化生產事業」，這在很多次公開場合他都談過。其實王惕老的報業王國，不但把新聞事業當作文化生產事業，而且還將其中部分當作「製造業」，當然不是捕風捉影製造新聞的「製造」，而是將《聯合報》系國內四報（聯合、經濟、民生、聯晚）已刊登過的新聞、圖片、特稿等等，重新調理，就可製造出適合北美《世界日報》的五十多塊版面、歐洲日報的全部，及曼谷《世界日報》的十分之七、八的版面。其中北美《世界日報》的五十多塊版，又重複運用。這些版面產品的高度剩餘價值，都是舊聞新炒，利用時差，傳到美國下午出報，而成為新的新聞。這些版面，可稱為低成本、高利潤的「製造」產品，而非創作產品。

《聯合報》大樓內，有一個名副其實的「加工出口區」，負責供應海外七、八個印報工廠的版面，只有十幾個人，卻能每天製造出兩百多塊版面，只要花一點點加工費，傳到北美五個《世界日報》的編輯部，配上幾頁當地版面，就可產生幾十頁的報紙。這是將報業推進完全電腦化的高科技生產系統，又拜人造衛星之賜傳版更是方便。王惕吾的成功，就是能搶先享受人類高科技的成果。

惕老這種以低成本創造幾十倍高利潤的經營之道，最先是從通訊版的換版開始。

當時三大張的報紙只有十二版，通訊版只佔十二分之一，卻要供應百分之六十的外縣市報份的讀者，要他們將這十二分之一的版面視為一張「地方報」。在這一個版面上，要戰勝在地報紙也許有困難，但是還有另外的十二分之十一的全國性版面的內容，那就具權威性，非當地報紙所能比。台灣報紙的讀者不斷的在成長，不祗以身邊新聞為滿足，更希望吸收全國性、世界性的新知。

王惕老雖未在世界千億富豪上榜，但聯合能成為台灣第一大報，甚至躍居世界性第一中文大報，就是奠基於創辦初期即具有雙重特性；既有全國性報紙的權威性，又有地方性報紙的地方特色，惕老利用一份報的人力、物力，發揮多份報的多元化經營功能。

王惕吾辭去軍職，接辦《民族報》，後因面臨經營困難，乃商得與《全民日報》負責人林頂立和《經濟時報》負責人范鶴言同意，決定三報合併經營。

民國四十年六日「全民日報、經濟時報、民族報聯合管理處」成立，簡稱「三聯總處」，設管理委員會，由林頂立出任主任委員，王惕悟、范鶴言都是委員，於當年九月十六日起，正式出版聯合版。

《聯合報》給我的第一張聘書，就是聯合管理處於九月十六日發的，編號第六。事實上，我是在四、五天前就參加《聯合報》試版。至今，我仍保留著這張珍貴的聘書。

當時報紙的版面上，第一頁報頭三報併列，下加「聯合版」三字。第二頁三報社論並列。到民國四十二年九月，報名才改為「全民日報、經濟時報、民族報－《聯合報》」，由林頂立任發行人，王惕吾任董事長，范鶴言任社長，社論則改為每天只發表一篇。從這時起，三報在精神與實質上才成為一體，彼此互相尊重。

由於林頂立是台灣省議會副議長而且有當議長的聲勢，所以由他負責發行業務、同時羅致多位省議員承辦分社。憑他們在地方上人頭熟、勢力大、銷報方便，致使《聯合報》業績成長也快速。

范鶴言曾是中央銀行總行的秘書長，工商金融界關係良好，由他負責部分財務調度也很方便。

王惕吾對編採興趣濃厚，對言論把關尤其小心。據已故的《聯合報》第一任總編輯關潔民在十五週年社慶時的回憶：「那段時間，我們推出一系列以『新政府，舊課題』為總題目的專欄，檢討政府多年來施政的得失，有許多論點言人所未敢言，普受注意。王發行人對這一系列言論特別重視，每一篇，他都與我細細的看過，幾已到字斟句酌的地步。我記得有一、兩個月時間，天天如此。其他比較重要的社論，王發行人也必親自看過。有時，他提意見、我執筆，常到凌晨一、兩點，他才與我結伴回家。我與他住仁愛路同一條巷子，冬夜，我們同坐一輛三輪車，迎著刺骨冷風，由西寧南路回家；到達後，王發行人常邀我到他家，喝碗稀飯沖蛋，聊作宵夜。」

當年林頂立、范鶴言、王惕吾三人分工合作，彼此都很尊重。林頂立雖然少到報社，但范鶴言、王惕吾決定的事項，他都很同意，事後還追認簽字。

這時的林頂立與黃朝琴爭省議長寶座，他掌握的票數超過黃朝琴，當局要林頂立退讓，林不願意，不久即因被檢舉到日本勾結「台獨」，而被關入牢中。林頂立在獄中寫了一封很長的自白書，透過關係人士直呈先總統蔣公乃獲諒解，但此時他已坐牢快兩年，出獄後決心遠離政治，專心從商，從此結束政壇生涯。

《聯合報》因林頂立入獄而進行改組、重新登記，由王惕吾擔任發行人，范鶴言仍是社長，林頂立夫人則出任監察人。他們曾到地方法院公證。這個體制，一直維持到范鶴言、林頂立先後退出；也就是王永慶進入《聯合報》時期。

錯將「恩人」當「仇人」

王惕吾辦報四十多年，一直為反對「報禁」和「限張」，在取消緩一年的編務座談會上，惕老忽然當眾感慨的說：「真要感謝『報禁』和『限張』、如果沒有『報禁』和『限張』，怎麼會有『民生報』和『經濟日報』？這兩張報紙都是因報禁才能買別人的登記證創辦的。」

與會眾人當時愕然，但是仔細一想，這正是惕老的肺腑之言，不祇是因報禁才買《公論報》取代為《經濟日報》，買《華報》變為《民生報》；而因為突破「限張」而發明的「縮版」、「換版」，才是創造「低成本高利潤」的秘密武器，正是錯將「恩人」當「仇人」。自「報禁」和「限張」解除後，《聯合報》固然可變為空前大報，但由於投資太大，成本太高，豈可穩住第一大報地位？畢竟台灣報業利用傳版，大部份在國內編好再傳版，美國《世界日報》、《歐洲日報》、泰國《世界日報》、《聯合報》系總社有一層樓，稱為「加工出口區」，每天要為海外報紙傳出十多塊版，當地只要出紙錢，而每一版要回饋總社新台幣一萬元，這對當地報紙來說，仍是高利潤。

分類廣告之戰

報紙分類廣告原是《中央日報》的特色，惕老發現不少讀者要看分類廣告找房子，求職、求才、尋人、尋物，遂決定《聯合報》也做分類廣告，在開始那三天通告

《中央日報》分類廣告接收站免費，三天後佣金比《中央日報》多一成（即兩成），商業廣告佣金是三成。如此一來，次日的分類廣告即大批湧到，一個月後，《聯合報》分類廣告量便比《中央日報》多，後來又進行廣告分區、分版，有些客戶找不到自己的分類，廣告部便設專人代找。

分區分版，是根據通訊版分版的廣告，隨新通版開分版，例如台北就有大台北版和台北版，大台北版是台北各衛星鄉鎮，包括台北縣同時登兩個地區的廣告有打折優待。在報禁未開放前，分類廣告一天可收入三百多萬現金。當時《聯合報》一個月的廣告收入在三億元以上，免開統一發票，佣金由三成減為一成半至兩成，故每月收入非常可觀，有些送報者家裡有電話，兼做分類廣告接收站，每月的佣金收入比薪水還多。

沒有想到報上最小的分類廣告，每天收入三百萬元以下，但一個月也有一億多元，而且佣金最少，又絕無倒帳，使《聯合報》因此成為大報紙、大財團。

王惕吾與王永慶的一段淵源

從西寧南路三個報紙聯合經營開始，到遷入忠孝東路四段的九層華廈，王惕吾與范鶴言、林頂立的合夥事業已經有長足的發展；一家搖搖欲墜的報紙，變成全國舉足輕重的輿領導者。可是，就在他們合夥事業進入第二十年以後，三個人的合夥關係出現重大的變化。

當王惕吾還在全心追求報紙成長之際，兩位事業夥伴卻另有他志，決定出售他們的股權。這是民國六十一年的事。剛遷進嶄新九層大樓的《聯合報》，外表看來如日中天，內部卻隱藏著一股看不見的危機。

危機來自合夥人辨報志趣的改變。

早年三報聯合時，三位合夥人曾經有過承諾，凡是報社經營有了盈餘，股東儘量不分配，必須保留作為報社的擴充投資之用。這項承諾，在克難時期幾位股東都能信守，維持對報紙投資的興趣，但等到報紙壯大之後，大家對於事業發展的志趣便開始有了歧異。

自三人合夥之始，報社各項社務工作，幾乎就集中王惕吾一人身上。林頂立投身政治，少問社務，其間他曾因案無法參與經營，王惕吾便提議由林夫人楊瑞華女士出任監察人，以維持合夥人間彼此的信任關係。范鶴言雖負責若干財務工作，但對編務、業務等興趣缺乏，也少過問。對於這點，王惕吾並未抱怨，既是合夥事業，總要有人出力；只要事情辦妥，誰做事都一樣。問題是，合夥人不僅逐漸將注意力轉移到其他事業上，甚至還把《聯合報》的資金挪用到其他事業上。

合夥事業現危機

社址剛搬到忠孝東路的頭一年，王惕吾便不時為財務問題所困，他坐在九層新起的高樓裏，頭上頂著第一大報的聲譽，內心卻有說不出的焦慮，即使在報紙草創之初，都不曾像此時這麼提心吊膽，每天軋頭寸，跑三點半，深怕哪一天週轉不過來，使報譽毀於一旦，內心苦不堪言。

當時，合夥人之一的范鶴言另行投資了水泥事業，由於投資龐大，而營運未上軌道；他因為負責報社財務，為了救急，經常挪用《聯合報》資金去填補。

最初，王惕吾為了維護報紙的形象，也為了顧及報社合夥人的信譽，不得不努力籌措款項以應需要。時日一久，《聯合報》財務上的問題難免露出痕跡，外界開始有了一些不好的傳聞，謠傳又通常誇大實情，說《聯合報》已經負債累累，說《聯合報》新購的機器不能使用等等。

為了阻止謠言在報社內部發生不良作用，王惕吾不得不親自集合同仁講話：「《聯合報》的財務一向是公開的，我們的資本額是六千萬元，雖有負債，但是我們資產大於負債；企業發展需要貸款，有負債是十分正常的現象。」

「我聽到外面有人造謠，說我們的機器不能用，彩色設備不能用。事實上，我們新機器從去年七月開印以來，有沒有停印過？」王惕吾一方面要求員工切勿輕信謠言，一方面心裏也焦急期望事情早日能有轉機。

無論如何，事情到最後有了解決。民國六十一年秋天，范鶴言由於急需資金，決定將他在《聯合報》以及當時已創辦若干年的經濟日報股份出讓，以應付水泥事業方面的需要。

當時，台灣有能力一次拿出那麼多資金的人不多，范鶴言接觸了幾位工商界人士，詢問過後，對方均表示無意承接。王惕吾得知范鶴言的處境，表示可以代為接洽。他問范鶴言：「你的股權希望賣什麼價錢？請提一個數目，決定以後，不要再改變，不必討價還價，這樣大家好辦事。」

范鶴言考慮了一些時候，提出來的數字是新台幣四千五百萬元。當時，王惕吾的心中已有一個人選——台塑企業董事長王永慶先生，王惕吾認為王永慶長於經營，做人做事正派，與他合作，對《聯合報》未來的發展最為有益。

王永慶慨然相助

於是王惕吾去拜會王永慶，向他提出合夥事業的問題。

「范鶴言是我的合夥人，他有困難，想要退股。」王惕吾開門見山提出建議說：「他的股分，我也沒錢買下來，所以來找你。如果你有意思辦報，請你接受他的股分，我們一起合作辦報。」

「我不是辦報的人，接受這個股分，沒有太大意思。」王永慶直截了當的表示對辦報毫無興趣，但對於王惕吾的問題，他卻義不容辭：「不過，你要我參加，我一定幫忙。」

王永慶的豪爽，讓王惕吾感到寬心不少。接下來就是承接價格的問題。王惕吾轉達范鶴言的意思：「我問過范先生，他提四千五百萬元，價錢不能變。你可以開一個數目，我去跟他講。」

「既然說了不還價，那就照這個價錢吧。」王永慶毫不猶豫，當場答應下來。

王惕吾對於王永慶的義氣感到佩服，他以《聯合報》的聲譽向這位準合夥人保證：「要談價錢，其實無從談起，連我也不知道這些股權價值有多少。不過我向你保證，《聯合報》是第一流的報紙，花這筆錢，絕對划得來，別人花加倍的錢，也辦不出這樣的報紙。」

另一位合夥人林頂立聽到范鶴言股份出售的消息，也決定把自己的股權賣掉。他逕自找了王永慶先生洽談，王永慶並未直接應允，只承諾可以考慮。

王永慶心裏有些顧慮：《聯合報》兩位合夥人如果同時把股分讓售與他，他將握有《聯合報》三分之二的股權，王惕吾反而成為小股東，這與他參加《聯合報》的原意不符。但話說回來，如果此時不買下林頂立的股份，股權落入其他人手裏，事情反而複雜；如果不是能夠共事的人，日後經營可能問題重重。

考慮過後，王永慶作了一個特別的決定，他告訴王惕吾：「林頂立先生要出售他的股分，這件事歸我負責，你不必管他的股分，我們各一半。」

這番話，讓王惕吾感到意外。他知道王永慶為人豪爽，卻未料到他處事如此周全。王永慶承諾負責出資買下林頂立的股權，卻願意將半數股分讓與王惕吾，使兩人的股分仍維持相等的比例，這樣做，充分照顧了合夥的平等精神。

企業家的風範

對王永慶加入《聯合報》，王惕吾竭誠表示歡迎：「你的管理比我好，請你擔任董事長。」

王永慶並無意於報業經營，他說：「辦報，你內行，我不懂；你辦就好，我不管報紙。」他自己已有太多事業需要料理，對於報紙無意過問。

「什麼事都不管不大好吧？你至少派個人擔任社長，派個人出任財務經理。這樣，對我們的合作比較合適。」在王惕吾的想法，王永慶出資甚多，如果全然不過問社務，一切交在自己身上，責任過重，難以承擔；請他派人來掌管財政，主要用意在向王永慶顯示坦誠，表示經營上毫無隱藏。

王永慶堅持不過問報社業務，他說：「報紙還是你辦就好，照你們的方式經營，我不派任何人來。」他僅接受董事長名義，不要辦公室，也不來辦公。

一位是工業鉅子，一位是民營報業領袖，兩位王先生這次處理合夥關係，各自表現了企業家的風範，都有非凡的氣度。

在此之前，兩王雖然談不上深交，但彼此有過幾番際遇，對於彼此做人做事的原則都有了認識，對彼此的作風感到惺惺相惜。因緣際會，兩人成為合夥人，使得這份不等閒的交情又進一層。

王惕吾與王永慶的結識，是在民國五十年代中期，《聯合報》的康定路時代。當時，雙方在不同的領域各有聲望，彼此慕名，卻素未謀面。有一次，王永慶主動宴請王惕吾，此後兩人開始有了交往；王惕吾邀王永慶到報社參觀，王永慶也回邀王惕吾到台塑工廠參觀。

台塑是我國首批股票上市的公司，上市時，曾贈送相關各界一些公關股票，以示友好，新聞圈裏，王惕吾是少數未曾接受股票的人。

後來，台塑和一些企業界人士有意在花蓮投資紙廠，王永慶曾邀王惕吾參加，兩人並同赴花蓮考察環境。投資紙廠，原是王惕吾一生的心願，但當時資金不足，沒有參與投資。

再有一回，是王惕吾計畫將《聯合報》往東遷移，在覓地過程中，王永慶知道了，也曾熱心表示願意幫忙。

幾次交往，雙方對彼此的作風都感到欽服，這回攜手，應該合作愉快。可是，事情的發展，卻出乎兩人的預料。王永慶雖然無意插手《聯合報》經營，但他取得《聯合報》股權的消息傳出，外界為之驚訝不已，報界與黨政圈尤其感到震撼。台灣工業界最擅長經營的人，突然成為最大報業的董事長，自然是令人吃驚的事。

當時外界流行的說法是：「台塑已經是全國最大的企業了，如果王永慶還握有全國最大的報紙，那麼王永慶說的話政府還能不聽嗎？」

雖然王永慶介入《聯合報》股權是出於被動，他本身也沒有掌握輿論的企圖，但是，在當時黨政領導圈子眼裏，這並不是他們樂見的事。政界中有人直接、間接向王永慶傳話，勸他：「辦報容易得罪人，對企業經營不利。」更有人危言聳聽說：「辦報弄不好的話，是要殺頭的。」

王永慶向來一心在企業經營，無意過問政治，也將事業與政治領域畫分得相當清楚；如今，多了一個從來陌生而且無意又無心的事業，反而惹出許多是非。他認為長此下去，對於兩邊都沒有好處，沒有考慮太久，便決定退出《聯合報》。

退股義氣作風

這是民國六十二年五月的事，距離王永慶成為《聯合報》董事長，不過半年餘光景。在退出時，他發表了一個聲明：「不願因所經營的事業而招致外界對兩報言論及新聞立場的誤解，同時為避免報紙之主張影響事業計畫的推動，乃將兩報股權退讓。」

退股，在王永慶不是容易的決定，對王惕吾，更倍感為難。他知道，王永慶為《聯合報》承受了誤解；但如果王永慶退出，他手頭一時不可能湊出資金購回王永慶的股權。

王永慶再一次表現了他的義氣。他考慮到，如果再將股權轉手，無異又將增添王惕吾經營困擾，便決定將所有股權無條件交給王惕吾；至於股金，他說：「沒關係，過兩年再還吧。」

這些股份價值不菲，幸運的是，第二年開始，《聯合報》營運狀況有長足的進展，加上廣告分版的實施，業務突飛猛進，大約在五、六年間，王惕吾如期還清了這筆款子，了卻一件心頭重擔。

王永慶從參加到退出《聯合報》，時間雖短，但充分表現了他的通達。那段期間，他也曾派一個財務小組協助診斷《聯合報》的經營，提供了一些對報業有用的意見，其中有些建議，後來正式成為《聯合報》管理制度的一部分。

有一次，王永慶前往參觀輪機房，王惕吾向他介紹印報過程，他看著龐大的印刷機，好奇的問：「這麼大的機器，一天只開一次啊？」

在王永慶看來，報紙費了那麼多的資金購買印刷機，竟然每天只在晚上開機一次，在幾個小時之內把報紙印完，其餘的時間都閒置著，這在機器二十四小時開工的製造業，是難以想像的浪費。

王惕吾向王永慶說明：「文化事業和工業生產不同，一份報紙的生命只有24小時，因此必須在極短的時間內將報紙印製出來，內容再好，報紙的價格是固定的，不像工業產品，價格可以隨品質調升；因此，報紙是一種高成本投資事業，這不是浪費。」

事實上，那年，《聯合報》系已經有了兩份的報紙，就印刷設備的利用率而言，算是報業中比較合理的了。無論如何，王永慶的話，給了《聯合報》管理階層一些啟發；王永慶也因為這次機緣更了解報業經營的本質，可惜他沒有機會在報業上表現他的經營長才。

《聯合報》的合夥事業，由三人合夥變為兩人合夥；再由於王永慶的退出，僅剩王惕吾一人經營，這是一個極大的轉變。

那年底，《聯合報》順應報社結構的改變，向經濟部申請變更登記，由合夥制改成股份有限公司。當年三報聯合的盛事，在共同度過二十年從患難到繁榮的日子，至此，僅留下「《聯合報》」三個字向歷史作見證。

王永慶為何離開《聯合報》？

《聯合報》由合夥事業變為家族企業的關鍵人
王氏兩次協助媒體投資，效果有如天壤之別

前言

《聯合報》五十週年特刊的年度大事紀一九七二年（民國六十一年）有這樣的記載：

十月三十日　社長范鶴言及監察人林頂立，將持有之《聯合報》、《經濟日報》股權讓與台塑董事長王永慶。

十二月三十日　《聯合報》召開發起人會議及第一次董監事會議，推選王惕吾、王永慶、劉昌平、王永在、游文貴、馬克任、吳來興、王必成、王必立九人為董事，王永慶為董事長，王惕吾、劉昌平為常務董事，楊選堂、楊兆麟、王效蘭為監察人，楊選堂為常務監察人。《經濟日報》董事長亦由王永慶出任。

但是一九七三年（民國六十二）五月十一日，王永慶投資《聯合報》及《經濟日報》的股全部退出，《聯合報》及《經濟日報》正式改為公司組織，結束合夥型態。五月十二日《聯合報》及《經濟日報》成立總管理處，由《聯合報》社長劉昌平兼任總經理。

「經營之神王永慶入主《聯合報》是臺灣報業史上一件極關鍵性的大事」，雖只一年幾個月之後又退出，卻是《聯合報》由歷經廿多年的合夥事業變為王惕吾的個人事業，現在更變為王惕吾的家族事業的報業王國，王永慶是最關鍵人物，這其中有許多內幕，鮮為外界所知，前因後果，必須話說從頭。《聯合報》系兩大虎將之一的馬克任在他的「報壇耕耘六十年」書中對這一大事件竟未提到，王永慶和王惕吾的回憶錄雖有提到，也只是一筆帶過，或輕描淡寫。筆者為《聯合報》系最資深的工作人員之一，而且是當年拓荒者之一，對三個老板的合作和王永慶的進出知道較多，認為有許多事值得回顧。

唯一拒絕政府照顧的報紙

在陳水扁主政八年期間，聯合報系是唯一拒絕政府貸款照顧的傳播媒體，所以一直能秉持創辦人王惕吾正派報的理念，作公正的評論。民進黨執政八年來，《聯合報》寫了近千篇向政府建言的社論，每一篇都是誠誠懇懇、苦口婆心的肺腑之言，希望政府更好，字字珠璣，但執政者裝聾作啞，不論說好說壞，全不理會，幸好這些社論間接啟迪民智，教育民眾，終於促使臺灣政府又再和平政黨輪替。

國際金融界、工商界、文化界只知道臺灣的王永慶是石化、塑膠「經營之神」，其實臺灣文化界也有一個「報業經營之神」王惕吾，他有許多投資再投資，創新又創新，盈利分享員工的理念，都是前人未有。

二〇〇二年，臺灣兩大報業集團之一的《中國時報》停辦《中時晚報》後，其中南部員工北上抗議被裁撤只給一個月資遣費。同年六月，《中國時報》更宣佈不堪虧損，為縮減版面，廢除一處印刷廠，將裁減員工六百人，引起工會抗議風波。與此同時，另一家報團聯合報系，卻仍擴大海外機構，增設印尼《世界日報》，由聯合報系的泰國《世界日報》社長趙玉明兼任印尼《世界日報》社長，大部份內容，由泰國

《世界日報》供應，臺北《聯合報》總社僅派兩名編輯支援。雖然二〇〇六年聯合報系的《民生報》停刊，但不久又創辦免費贈送的捷運報，等於機構未縮減，可見在臺灣經濟的衰退中，聯合報系的國內業務雖然也受影響，但國外仍在成長，這都要歸功於已故創辦人王惕吾打下根基穩固的江山，及經營的策略能適應新環境的變遷。二〇〇八年國立歷史博物館舉辦的「米勒畫展」，由聯合報系的負責人王效蘭捐一百萬歐元贊助，可見《聯合報》實力仍很強。

企業管理與報社經營不同

一九九四年七月，天下文化出版公司出版的《報人王惕吾——〈聯合報〉的故事》一書，已印了六版，銷售十幾萬冊，號稱「完整呈現王惕吾創業，經營大放異彩的歷程」。在筆者看來，書中內容仍有很多遺漏，有些是故意不提；有些是事過境遷，有了變化；也有重大事件輕描淡寫一筆帶過。如果將于衡寫的〈《聯合報》廿年〉，與惕老寫的〈《聯合報》卅年的發展〉和本書對照，就可發現該書的遺漏不少。

這裡筆者再作深入的補述，以供研究或關心臺灣報業史者參考。

一九七二年十月三十日，《聯合報》社長范鶴言及監察人林頂立，為何要將他們持有之《聯合報》、經濟日報股權讓與臺塑董事長王永慶？王永慶進入《聯合報》當董事長，為何不到一年的光景就要退股？並非如天下出版《報人王惕吾——〈聯合報〉的故事》書中說得那麼單純，這其中牽涉到企業管理與報社經營的作風不同。

據筆者記憶，王永慶進入《聯合報》當董事長時，惕老曾召開臨時工作會議，介紹王永慶和各組室主任級以上的同仁見面。惕老強調與王永慶的交往「不僅知人，也知心，相信今後必能同心同德，永久合作無間。」王永慶則推崇王發行人辦報用心的成就，今後自當與全體同仁共同努力。當時《聯合報》給王永慶安排了一間董事長辦公室，王永慶確是未曾到過報社辦公，但台塑派了一個財務小組到社內掌管財政，發現報社的財務管理不合企業化作法，而且財務人員多非專業出身，不熟悉成本會計。所有採購物品，缺少成本分析，使得《聯合報》原來高高在上的財務大員，一再碰釘子，吃了不少苦頭。

《報人王惕吾》書中說：「王永慶派了一個財務小組協助診斷《聯合報》經營，提供了一些對報業有用的意見，有些建議，後來正式成為《聯合報》管理制度的一部分。」

筆者的記憶是，當時不少《聯合報》的財務大員，對台塑人員的管理抱怨不已，因筆者不是財務人員，詳情不很了解。但筆者參加了《聯合報》當時組織到台纖的參訪團，成員有副社長及幾位經理級大員，事前並與台塑聯絡安排妥當。但是我們到該廠後，王永慶並未出來招呼，只派一位公關人員，帶我們到各部門參觀，替我們解說，使我們了解塑膠紡織品化腐朽為神奇的製作過程，原來一根一根的短木塊，經一再腐爛後，漂白、加工，變成潔白美麗的纖維，但製作過程臭味酸味難聞，好在當時民眾的環保觀念，不像今天這樣強烈，面對賺外匯的大企業只有忍受。

中午，台塑人員安排我們在會客室午餐，每人分一個餐盤，有蔬菜、小魚、飯、一根香蕉，與工人同樣伙食（據說王永慶本人也吃這樣的餐盤），也沒有高級人員前來招呼，《聯合報》大員覺得頗不是滋味。當時《聯合報》已很有社會地位，第一版廣告要排隊半個月才能見報。經理部高級人員幾乎每天上餐館，也常應邀到公、私營大企業的工廠參觀，都是備受禮遇。可能王永慶先生把我們當作部屬，不必客氣招待，問題是，既然兩企業合作，至少應有相同層級的人員接待。大家默默的用餐後坐上回臺北的客車，因有些人吃不慣，又空肚子回臺北，對此難免有些閒言閒語。

這事過了不久，《聯合報》刊出批評中油四輕的社論，據說國民黨中央黨部有關人員很不滿，因為這時《聯合報》負責人王永慶自己也在經營石化工業，有意爭取四輕的建廠，如此作法有失客觀立場，並傳出士林官邸有意見，叫他乖乖做生意人，不要插手新聞事業。王永慶嚇得趕快退出《聯合報》，投資新臺幣八千萬元也暫時不必歸還，免息存《聯合報》。

一九七三年五月十一日，王永慶投資《聯合報》及經濟日報的股權全部退出，《聯合報》及《經濟日報》正式改為公司組織，結束合夥型態。據了解內情者說，王永慶本無意辦報，是國民黨中央黨部為幫助惕公解決問題而促成。現在要王永慶走路，也是中央黨部搞鬼。這對王惕吾更為有利，報社所有權統一變為獨家經營，可以毫無顧慮地施展抱負，暢所欲言，這正是惕老的夢想成真。惕老在王永慶刊登退出《聯合報》啟事的當天，就召開編採臨時會議，宣布此一訊息，當時筆者也參加。大家都很高興，不覺得少了大老闆的後臺會有什麼不利。果然從此《聯合報》業務更突飛猛進，幾年之間，就將王永慶存在《聯合報》的八千萬元全數歸還，當然惕老還是非常感激王永慶的拔刀相助，才能使《聯合報》成為真正的「家天下」。後來《聯合報》新進記者不知「雙王」間的不尋常關係，登了一篇對台塑企業很不利的特稿，惕老當晚到編輯部，指責報導是片面之詞，雖然台塑當局未出面更正，未也置一詞，但我們要主動補救，次日便再從台塑立場補登一篇。因此有些同事認為台塑當年存在《聯合報》的鉅款，雖然不計較利息，但是無形的收穫更大。

王永慶一次最失敗的投資

王永慶被稱為「經營之神」，他一生的投資少有失敗過，但是就在投資同是新聞事業的《臺灣日報》，卻是一生最失敗的投資，賠了三十七億元，毫無收穫還被迫放棄。在二〇〇八年十月十日《臺灣公論報》第一版，巫曉天有如下的報導，摘載如下：

《自由時報》與《臺灣日報》這兩家報社，均源起於臺中市，戒嚴報禁時，由縣市地方報紙易主改名；《臺灣日報》早期由夏曉華創辦，彰化蕭家接手，復由傳朝樞轉賣國防部，再由王永慶承繼，委託《自由時報》卸任社長顏文閂全權經營（顏文閂原是《聯合報》記者），七年虧損三十七億之後，狼狽停刊結束。

臺中市三報爭強

七〇年代，夏曉華開創的《臺灣日報》，一開始即與當地的臺灣《民聲日報》（一九四六年創刊）平分秋色，幾年後已遙遙領先《民聲日報》，因快速發展，增加了《臺灣晚報》，拖累了《臺灣日報》的財務負擔，《臺灣晚報》轉手吳基福，遷址高雄，易名為《臺灣時報》，《臺灣日報》大股東省農會退出之後，易手蕭柏舟、傅朝樞，後由傅獨撐，不支後轉賣給國防部。

而《臺灣日報》長期以來均以反共、反臺獨為言論立場，直到國防部接手成為十足的公營報紙，但發行業務亦已不如往昔，雖然《民聲日報》亦由國防部黎明出版社收購、合併嘉義的《商工日報》，改名《現代日報》，一年後停刊，但仍須面臨也在臺中市發行的《自強日報》，由林榮三接手更名《自由日報》，以及由巫曉天在雲林發行的《臺灣公論報》強烈競爭。

《公論報》仗義停刊

公營的《臺灣日報》言論封閉，當然難敵純民營的《公論報》和《自由日報》的立場宏觀，深獲中部五縣市讀者青睞，不久《自由日報》遷址臺北，更名《自由時報》。《臺灣日報》經層峰委請王永慶收購後，交顏文門經營，並出面請《公論報》停刊，以免分食中部報業市場。當時，《公論報》擁有固定五萬份以上的發行量，營運已達平衡，筆陣亦均為一時之選，總主筆高英茂，主筆群吳釧燮、陳博志、林嘉誠、蕭新煌、吳榮毅、蘇正平、陳必照等人，但發行人因礙於王永慶先生的要求毅然停刊，雖然王董事長曾邀請巫曉天發行人接任《臺灣日報》董事長一職，但巫婉謝未接。從此《臺灣日報》在中部一枝獨秀，並請《聯合報》某副總編輯當顧問。

反獨報遽變獨報

平心而論，《臺灣日報》早期以鳥市行情起家，又稱為「鳥報」，地方新聞、農業新聞為輔，中期以打擊省府新聞為主，爾後被收購，晚期以國防軍聞為主，卻與

《青年戰士報》格格不入。

顏文門接辦以後，言論立場大轉變，從反獨一夕之間遽變為鼓吹臺獨的專業報紙，有人說「臺日」比民進黨更臺獨，有人說「臺日」儼如民進黨報，開銷擴大，業務卻無法伸展，除了臺中的印報廠之外，又增加了林口的印報廠，臺北辦公廳的開銷比臺中總社大，七年虧損了三十餘億元，王永慶不但背負了搞臺獨報罵名，墊支的三十餘億債權不但無法回收，又被「唬弄」拋棄，讓顏文門將臺中廠辦大樓向銀行質借三點七億，繼續經營，王永慶正式與《臺灣日報》脫離「支援關係」。

臺日的遺禍深遠

《臺灣日報》的言論立場，違反了媒體「社會公器」的精神，恣意討好獨派以及當家的陳水扁，言論偏激，更成為「有心人」黨同伐異的武器，在藍綠惡鬥的當下，興風作浪、混淆是非，終究搞到爹不疼娘不愛的窘境，最後在王永慶退出兩年後，狼狽停刊，但是遺禍給臺灣政治社會的亂象卻是無可計數，這已不是「言論自由」的問題，而是偏激、瘋狂的寫照！

以上雖然是轉載《公論報》，但讀來令人寒心，王永慶兩次以協助媒體的立場投資，效果卻有天壤之別，問題出在正派與非正派。王惕老的《聯合報》是正派辦報，王永慶的投資《聯合報》的八千萬元，不但全數收回，而且從此王惕老當他是大恩人，整個聯合報系全力支持王永慶，等於是他自己的報；投資非正派的《臺灣日報》卻虧損達三十多億元，還被「唬弄」拋棄，而且該報言論尺度完全違背自己的立場，可說是賠了夫人又折兵，成為經營之神一生的最大挫折。

劉昌平終生獻身《聯合報》

聯合報系大功臣

聯合報系的最大功臣，無疑是永不退休、由社長升任聯合報系總管理處有職無權的經理後再升副董事長的劉昌平，他是民國四十二年繼關潔民後擔任《聯合報》總編輯，當時年僅三十歲，如今已年逾九十歲，奉獻《聯合報》已六十年。

《聯合報》是三報合併而成，因此編輯部被稱劉昌平為「聯軍統帥」，但他認為真正的統帥應是三報合併的發行人王惕老，總編輯只是參謀總長。劉昌平是一位最佳的輔佐人選，默默工作，不居功。在第一任總編輯關潔民任內，他已實際執行總編輯工作，其中最苦的差事是看報，每天從本報第一版到最後一版都要看，以便了解每一位記者和編輯的能力，以及本報新聞的得失，每天要檢討。此外還要看有關各報和同類新聞，了解他報怎樣處理，本報有無遺漏？後來這工作交由專人負責，作新聞比較報告，才減輕了總編輯一大負擔。同時又改由校對監督編輯，校對如發現編輯處理錯誤或錯字提出，發給獎金。編輯的錯誤，則不處分，只留作考績參考。

關潔民對劉昌平很推崇，認為他處理重大新聞很能把握分寸。有些新聞，高層認為不可發，但他本著民營報的立場，還是決定發了，事後證明，他的判斷是正確的。

畢業於上海復旦大學的劉昌平最讓王惕老欣賞的是操守好，做事負責盡職，毫無私心，更無貪心，自己不置產，他住的房子都是報社買來送他住的，當時和他同輩的關潔民、馬克任、楊選堂都有幾棟房子，如果他要買一層大廈報社可貸款，易如反掌，卻從無此企圖。

他有一個弟弟在報社上班，進門是校對，退休時仍是校對。

劉昌平第一次擔任總編輯只九個月，就生了一場大病，而且是大量咯血的「肺癆」會傳染，曾被認為是絕症，是在副總編輯時期就積下來的，王惕老將劉總編輯接到他家裡的停車間改建的臥室調養。惕老夫人是個了不起的賢內助，對一個報社的職員生有傳染性肺病，竟能視為自己親人般，伺奉湯藥，親自餵食，清洗食具、用具，這工作連工友都不肯做，她卻自己來做，使劉昌平終身感恩。

婉拒公視訪問

二〇〇五年元月四日公視首播的歷史紀錄片《回首臺灣報業》，原要訪問《聯合報》系副董事長劉昌平，他是《聯合報》從無廠無舍，到臺北東區有六棟大廈，國內外環繞全球有七報及許多相關事業的總舵手。他從《聯合報》副總編輯、總編輯、副社長、社長、發行人、總管理處總經理，到《聯合報》文化基金會董事長，是《聯合報》系企業最關鍵人物。他作風低調，在我記憶中，他歷經許多場戰役獲勝，卻從不居功。問題是他為何要婉拒公視訪問？我猜想可能由於他的恩人——王惕吾已逝世，而這些往事每一件都與王惕老有關，回思往事難免引起他傷感；而且他經歷許多報業「戰役」，有些事不能公開發表，萬一說溜嘴，對不起恩人，何況他現在一切看淡，生活無憂，又不想出名。

劉昌老很少「自拉自唱」寫自己的文章，唯一的一次是《聯合報》四十週年出版的〈一同走過來時路〉的紀念書中，寫過一篇〈從陋巷走出來的〉，其中一則記述王惕老對他的照顧，現摘錄幾段如下：

民國四十二年（一九五三年）元旦日起，關公專任總主筆，我接任總編輯。同年九月間，我生了一場肺結核大病幾乎死去。……王惕吾把我接到他家中去療養了。

起初一、二十天，我如同常人一樣地作息，范鶴老約朱仰高醫師來看過打針並留下每天服用的藥，有很多朋友、同事也不避有傳染的可能性來看我。九月二十四日凌晨（家叔所記，否則我也不記得了）突然一陣陣一口口地咯血，陪伴我的叔叔不知如何是好，而深夜也無從找醫生，直到天色微明雞鳴之時忽自動停止。清晨，朱大夫來打了止血針，又另外給了藥。之後未再咯血，但醫囑千萬不能移動身體，那樣平躺了兩三個月。其間，有位任職於空軍總部醫療所的同鄉醫師定期來為我注射鏈黴素，也曾乘救護車至青島東路新設立結核病防治中心去檢查取藥，初次驗痰無菌屬關閉性，不會傳染別人，這才住得比較安心。因為，這時接近我的除了王家的人，還有日夜陪伴我的叔叔，和一些朋友。

家叔在附近上班，白天抽空來我處，在那躺著不能動無法自己進食的日子，總是他來餵我。有幾次，他來得遲了，惕吾先生夫人玉仙女士便親自來餵我進食，事實上，每天飲食和用具清洗也都是她一手料理的，因為他們家工友不肯做。

四十三年一月間，再經檢查結核部分已纖維化，膈膜積水已消，病算是好了，可是身體還很虛弱，她再替我增加食品的營養，到六月間體重由病前的六十五公斤增加到近八十公斤，首次回到報社上班時，很多人幾乎不認識我了。

我與惕吾先生及其夫人非親非故，從他民國三十九年元旦接辦《民族報》，到民國四十二年九月我生病，其間相處不過三年多，他對我在工作上的提拔、庇護，像兄弟般照顧我這場生死攸關的大病的真情，使我萬分感激，難以報答。

十多年前，在一次宴會中和新聞界的前輩胡健中先生閒談。他說：「有件事我從來沒有告訴你，我接辦《中央日報》時，曾提出請你做總編輯，上面沒有准。現在事過境遷，對你講講。」我說：「那還是要感謝您這番好意，但是那時即使上面准了，我還是不能離開《聯合報》的。因為對王惕吾先生，只有他辭退我，沒有我向他辭職的道理。」曾簡單地將上面這段事向他說一說。

從這裡可以看出劉昌平為報答王惕吾的救命之恩，早已以身相許，這一輩子都要追隨王惕老，如今事業有成，王惕老也逝世，他不想再回顧，會令他傷感。

他是安徽人，一九二三年出生，一九四八年復旦大學畢業就來臺灣。最先住在復旦大學同學、新生報副刊「橋」的主編史習枚（歌雷）家裡，當時史習枚開創臺灣新文化運動，讓日據時代的臺灣作家用日文寫作，請人譯成中文發表，搞得有聲有色。他又兼大陸民主人士出版的《觀察》週刊臺灣版的負責人，劉昌平到臺灣之初，擔任《觀察》週刊的編輯。

光復初期，大陸左傾的民主報刊如《文萃》、《民主》、《周刊》、《觀察》、《文藝春秋》、《新文學》和《文匯報》、《大公報》都直接間接進入臺灣，甚至支持「臺灣二二八」事件，譴責國府暴行的《正言報》、《申報》、《文匯報》、《大公報》、香港《華商報》，臺灣也可以看到、買到。

不久，劉昌平進入《全民日報》當記者，因他不習慣記者工作，再轉入《民族報》當編輯主任，不久《觀察》週刊因內容問題被查禁，負責人史習枚坐牢，劉昌平被警總傳訊後釋放。

據說劉昌平、史習枚坐牢的原因是組織新生報副刊《橋》的投稿者的聯誼會和讀書會，這些組織的成員中，不少有問題人士，後來有人離開臺灣，有人被捕，因此史習枚也關進黑牢四、五年，出獄後曾開廣告公司，後因劉昌平關係，也進入《聯合報》，一九六二年擔任編政組主任，一九六三年擔任公共服務主任，編過萬象版，編《經濟日報》副刊時又出紕漏下臺，後來不知何故負債很嚴重，離職後逝世。

劉昌平很照顧同事，當年資料室主任黃宣威，因購買報社建的公寓，由報社貸款，黃宣威每月薪水全被會計室扣光，要靠稿費生活，劉昌平就找了幾本英文書請黃宣威翻譯，再交聯經出版。副刊主編馬各因當了一次中國時報小說獎評審，被王惕吾指責，劉昌平對他仍然支持，給他在社內兼差工作以增加收入。

白色恐怖的歲月

「白色恐怖」時代，《聯合報》牽連坐牢的同事有六、七位，劉昌平特別照顧他們，出獄後，設法安排他們工作，這在當時是要很有擔當的，這些同事除上文提及的史習枚，還有下列幾位：

記者戴獨行，曾因上海新聞專科學校同學有匪諜嫌疑牽連，加上劉自然案在美國大使館遭攻擊時，他去採訪新聞，是圍觀群眾之一，被判刑關了五年黑牢。出獄後，他透過劉昌平太太黃順華求助，劉昌平因安排過唐達聰、史習枚等進《聯合報》受到壓力，拖了一年多，還是戴獨行自己寫信給三個老闆，范老闆才提議讓他進《聯合報》，但為了要找一個推荐人而到處求人碰壁，後來由葉明勳幫忙；然後又要找保，最後是曾在國語日報兼差的副總編輯曾憲宧一句話解決，據說他和警總有關。戴獨行先當《聯合報》影劇版記者，再調通訊版整理記者、編輯，美國《世界日報》、香港影視和美國影視主編、泰國《世界日報》影視版主編，都是在臺灣工作，大陸開放後回過上海後幾次病逝。

編輯唐達聰，在浙江大學讀書期間，參加響應抗議北京美軍強暴北大女生的學潮，他不但參加遊行，而且是唸祭文的主幹，因此判刑十年，關進綠島。出獄後，劉昌平讓他回到《聯合報》工作，還因此受到有關方面的指責。唐達聰受聘美國《世界日報》臺灣辦事處編輯主任，由於他英文好，馬克老一直希望他能去美國，負責成立洛杉磯分社，但臺灣出境手續拖了七年才批准。

唐達聰父親是刻印專家，「中華人民共和國」的國璽是他父親刻的；他的弟弟唐達成，是大陸作家協會的常務書記，可說是出身名門的書香世家，不但編報的創新能力很強，辦事的才華也很高。美國《世界日報》和《民生報》的版面設計，都是出自他的規劃。他長得身高粗壯，身體好，八十歲退休時仍黑髮紅顏，精力旺盛，常到報社聊天。

丁文治事件

另一副總編輯丁文治，在臺灣光復初期就來臺灣，擔任上海《華僑日報》特派員，寫了系列報導陳儀政府貪污，接收官員欺壓本省人，諸多不利臺灣的報導。當時警備總司令柯遠芬，請他到司令部見面，即把他強制送回上海，不准再來臺灣。一九四九年大陸局勢混亂，上海及南京告急，丁文治又隨軍來臺。直到丁治文在《經濟日報》總編輯任內，發生了一件事，有關方面通知他某新聞不能登，他將公文放在抽屜內，疏於注意，結果不能登的新聞照登，有關方面才查出他曾被驅除出境的底案，便通知報社「丁文治在臺灣新聞界都永不得錄用。」丁文治做過《聯合報》南社總編輯，培養不少人才，又外借兩次為《聯合報》爭光，因此他誤會王惕吾為何不替他向有關方面澄清。丁文治當時還有學生書店和樹膠公司，生活無問題，但對王惕吾始終不諒解，直到逝世前兩年，才解開心結，諒解王惕老。

雖然《聯合報》負責人王惕老出身官邸，又當選國民黨中常委，但在白色恐怖時期，《聯合報》發生多起治安問題，他都愛莫能助。最先是聯合副刊主編林海音，因登了一篇詩，被認為諷刺老總統，被迫辭職。據說，編輯部有警總線民，又有「人二室」，對所有工作人員都在暗中作過追蹤調查，可以說編輯每天工作都要十分小心，免被抓到小辮子。丁文治事件，就是自己不小心造成。另一位曾任代總編輯的李一丹，據說也因政治事件逃到香港，不再回來。

大陸比臺灣更恐怖

當時《聯合報》收發室的工友黃士張，以前在《經濟時報》當工友和印刷廠管理員，他在打美國大使館案中損毀公物，原被判處有期徒刑六個月，但因他一九四三年八月在中國新四軍佔領的故鄉江蘇省南通縣二埔鄉任副鄉長，曾為新四軍徵收公糧，並曾接受「改造訓練」，一九四九年自上海來臺後未辦「附匪登記」，涉有觸犯「戡亂時期檢肅匪諜條例」罪嫌，送感化三年。這事劉昌老更幫不上忙，但可見《聯合報》當時幾乎草木皆兵。劉昌老只能在職權範圍內照顧同事，有一位《聯合報》航空版編輯馬國光，不滿當時政府的白色恐怖和報社的監督，居然賣掉房子，攜帶家眷說要去美國，卻從東京回大陸，後來發現大陸比臺灣更恐怖，妻兒如驚弓之鳥，吵著要回臺灣，馬國光以全家跳海來威脅中共，讓他們出境，終於又回到臺灣。他當然回到《聯合報》，不久被送感化三年，出來找不到工作，好在妻子堅強，替人帶孩子養家，渡過一段很苦暗淡歲月，如今兒女都在法國拿到博士學位。

劉副董事長前幾十年伺候王老闆，忠心耿耿，不居功不要名，《聯合報》發展很多決策出自劉昌平，卻完全由發行人王惕吾出名；後幾十年他繼續協助《聯合報》第二代的王必成，因其深謀遠慮，才能事業有成。

讀馬克任著《報壇耕耘六十年》有感

臺灣新聞界領導奇才馬克任

聯經公司二〇〇七年九月十五日出版的馬克任著《報壇耕耘六十年》，不只是作者個人生命歷程的紀錄，而且是《聯合報》和美國《世界日報》創辦的艱辛歷程和成長的輝煌歷史，在中國報業史上固是奇蹟，在世界報業史上也難找到第二個實例。由於筆者也是這兩報創辦時的辛勤耕耘者之一，而且與馬老總[1]不僅是同事，也曾在他領導的麾下工作了十多年，因此拜讀該書，特別有親切之感，不但分享了馬老總領導《聯合報》的精銳部隊，在美國、臺北戰勝無數阻擾的勝利果實，也勾起我許多回憶，往事歷歷如繪。

1 馬克任曾擔任過聯合報總編輯，在世界日報又擔任總主筆、總編輯，因此習慣上稱他「馬老總」。

不怒而威領導奇才

馬老總是筆者從事新聞工作六十多年來僅見的新聞工作的領導奇才，不但有不眠不休的旺盛工作力，對人對事更有統帥的英明果斷，尤其對部屬的嚴明不怒而威，而又有勇於為部屬擔當責任的江湖大哥作風。因此擔任《聯合報》採訪主任達十三年之久。

馬老總在他自序中說：「決戰沙場，贏得勝利，需要統帥的英明果斷，團隊的和衷共濟，戰略戰術的完美配合」，他領導《聯合報》的採訪部和編輯部能夠勝過他報，及創辦北美《世界日報》能克服萬難而蓬勃發展，都是奠基於前述三大因素的完美結合。

《聯合報》第一任總編輯關潔民，對馬克任有如下評語：「採訪主任馬克任先生是很權威的主任，不怒有威，記者對他又敬又懼。他不打牌，每天很早就到了編輯部。有些年輕記者貪玩，在一塊打了牌後來上班，怕給馬主任發現，到了報社樓下，相約化整為零，一個個單獨上到編輯部。記者跑起新聞來，更是不敢打馬虎眼，跑壞了，馬主任這一關就不易通過。」

勇於擔當　愛護部屬

聯合報系兩大虎將劉昌平、馬克任都是上海復旦大學新聞系畢業，劉昌平擅守，馬克任善攻，而且兩人都長於帶人帶心。這也要歸功於王惕吾會識人用人，尤其對他倆的栽培都非比尋常，才能造成聯合報系從無到有，創造出全球性的輝煌事業。

馬老總像是家庭裏的老大哥，領導採訪組這支攻堅部隊。他對屬下同仁工作要求嚴格，但很照顧同仁，不但樂於解決同仁任何困難，而且發生任何問題、錯失都是一肩挑。尤其對採訪組同仁，都視為子弟兵般很衛護，任何人在他面前批評記者，他都會反駁，當年《聯合報》的社會新聞一直領先各報，與馬老總的領導有關，同人都樂於效命，也敢於衝刺。

在《聯合報》也擔任過採訪主任的于衡在《《聯合報》二十年》書中，稱讚「馬克任是精明幹練的人，反應快，統御力強，遇有大事，當機立斷。」

馬老總由《聯合報》採訪主任升總編輯的第一年，王惕老派編務經驗豐富的王繼樸做副總編輯輔佐，負責看各版大樣，又讓馬老總出國考察，增廣視野，回國後才正式執行總編輯工作，可見王惕老培養大將的用心。

馬老總統御新聞智慧的增長，在美國創辦《世界日報》後更得到充分發揮。事實上如果美國《世界日報》不是馬克任領導，決不可能成長那麼快。而且稱霸全球華文報界。

以身作則不眠不休

記得一九七二年馬老總以《聯合報》副社長的職位派往美國紐約，長駐聯合國總部做特派員，離臺前夕，同仁送別餐宴，排滿一個多月吃不完。他從美國第一次返臺進編輯部時，編輯部同仁都放下工作，熱烈歡呼擁抱，真正英雄式的歡迎，整個大辦公室擠得滿滿的，這種旺盛的人氣，《聯合報》只此一次，此後不曾再有，可見他的人緣之好。

一九七六年二月十二日美國《世界日報》創刊，因反共立場鮮明，在美國遇到不少困難，包括同業的反對，中共的阻擾，臺灣外調人員，美國礙於中美建交不肯簽證，經過多方接觸，才克服難關。當時還沒有電腦排版，印報的鉛字和排版工人都必須從臺灣帶去，當地有錢也請不到。當地也沒有人送報，訂戶報用郵寄，編輯下班就幫忙郵寄，因此工作人員都是以一當三，兼好幾份差事。開辦初期，紐約市聞版只一個記者——李勇，一天要寫兼譯近萬字，身兼社長、總編輯、總主筆的主帥馬克任，必須以身作則，大小事都做，名義上是總編輯、總主筆、總分稿、採訪主任，每天早上五點上班，先到報社開門，等同事們上班時，他社論已寫好，可以做其他指揮工作；晚上等所有同仁先下班關門後才離開，每天工作十六小時，因為其他同仁住得很遠，開車要一小時多，必須先下班，有些同仁坐地鐵，早上四點半到五點就要進地鐵站等車。有一次紐約總社大門，被歹徒用強力膠封住，必須破門才能進入，耽誤了出報時間。

中國時報美洲版跟進

由於《聯合報》的北美《世界日報》創刊，給華文報界帶來相當震撼，《中國時報》跟進，出版《中國時報》美洲版。該報以為在自由民主的美國辦報言論尺度可開放，不顧來自臺灣的立場，左右不分，尤其副刊採用大陸稿件和觀點，很博中國和臺灣留學生喜歡，對《世界日報》構成重大威脅。移居美國的國民黨高層人士唐棣寫信給我，提起中時美洲版，認為太不像話，已向蔣經國反應。惕老很著急，為了穩定讀者，加了幾個版面，禮拜天也出報。本來筆者在《世界日報》臺灣辦事處當編輯已離職，由於中時美洲報出現的影響，又奉命回去擔負挑戰任務，工作更忙，馬老總為了讓我了解中時美洲版影劇版的內容，每天都寄回臺灣供我參考，因此在我家裡，現在還可找到中時美洲版的影劇版報紙。當時在美國的但漢章，是美洲版電影新聞的大將，每天都可讀到他的報導。我們本是好友，當時卻變成「勁敵」。

《中國時報》負責人余紀忠和《聯合報》老闆王惕吾都是國民黨中常委，每週都要到中央黨部開會。國民黨高層對《中國時報》美洲版極為不滿，據說總統府的黃少谷當場指責余紀忠，並提出三條件，由余紀忠選擇：1由《中央日報》接辦，2撤換總編輯及有關人員，3停刊。余紀忠選擇停刊。臺灣有關方面立即停止中時的外匯，美洲版經濟來源斷絕，非停不可。這對王惕吾而言無異去了心腹大患，因為除了中時，其他報都無對抗《聯合報》的實力，王惕老原來還有好些應戰計劃便叫停，從此《世界日報》更可順利成長。

一九八六年二月十二日，《世界日報》紐約版，由每天三張增至每天十五大張，六十頁；舊金山版經常十一張到十一張半，即四十四頁到四十六頁；洛杉磯版每天出版十八張，即七十二頁。

馬老總在《報壇耕耘六十年》中說，美國《世界日報》是他在「創造報業歷史巨人」王惕吾的統率、領導下，充任先鋒開天闢地的第三份報，第一份報是臺北《民族晚報》，第二份是臺北《聯合報》。美國《世界日報》到十三週年已興建了六層高的宏偉辦公大樓及印刷廠，大樓後面有可停兩百多輛卡車的大廣場。往日夢已成真，未來的夢正在孕育。

美國《世界日報》是一九七六年先出版紐約版和舊金山版，一九八〇年才增出洛杉磯版，徹底改變了美國華文報因陋就簡的作業和規模，同時跨出華埠，進入美國各角落的華人家庭，甚至中南美都有分銷處。

一九七九年元旦，紐約、舊金山及華府、芝加哥等地華僑大遊行，反對美國和中共建交。《世界日報》發動華僑寫信給國會和白宮，馬老總寫了三篇社論，鼓勵華僑動手（寫信）動腳（遊行）愛臺灣，發生很大效果。

中共企圖以三年時間使美國各大華埠變色，《世界日報》的社論不斷的反擊，粉碎了中共的美夢，迄今仍未實現。

一九八〇年四月十日凌晨，暴徒在《世界日報》紐約總社門邊縱火，幸好天助，下大雨，暴徒從門縫潑進汽油，因地勢傾斜，反而流出，《世界日報》未受任何損失，暴徒縱火失敗。

馬不停蹄邁向全球化

馬克任是山西省祁縣人，一九二二年出生，上海復旦大學新聞系畢業，紐約大學歷史系研究所進修。

馬老總會終生從事報業的起點，是一九四五年夏天，在西安的潞河中學畢業，仰慕新聞記者的生活，到重慶投考北培復旦大學新聞系獲錄取。不久，日本投降，在一九四六年，復旦大學遷回上海復校，馬老總原來領的流亡學生費用，到了上海不夠用，便靠投稿副刊稿費彌補，當時他的散文已寫得很出色，高水準的《大公報》和《申報》副刊常刊登。

一九四八年來臺，馬老總遇到中學老師黃公偉，在《全民日報》當總主筆，便介紹他進報館當記者，不久採訪主任出缺，又升採訪主任。復旦學長劉昌平曾在他領導下當記者。一九五〇年《民族晚報》創辦，劉昌平在《民族報》當副總編輯，介紹馬克任進晚報當採訪主任，結識影劇記者劉晴，成為終身伴侶，是馬老總在晚報的最大收獲。一九五一年九月十六日，《全民日報》、《民族報》、《經濟時報》合併為聯合版，馬老總又擔任聯合版的採訪主任，連續做了十三年，開創新的人生。

二〇〇一年二月十二日，北美《世界日報》創刊二十五週年，又遭逢資訊傳播的革命、網際網路時代的來臨。過去，資訊傳播的管道，依靠傳統的媒體，包括平面媒體的報紙、雜誌、書籍和電子媒體的廣播電臺與電視，目前網際網路的傳播，打破了傳統媒體的界限，把各種傳播媒體統一起來，合併起來，既有電視的聲音影像，也有平面媒體的功能，而其播出的快速，收視的便捷，是任何一傳播媒體望塵莫及的。據馬老總在《報壇耕耘六十年》的〈啟動了北美華文報業現代化的巨輪〉中說：「北美《世界日報》網站，於一九九九年一月二十二日開站，在聯合報系中是繼《民生報》後第二個把資訊觸角伸向網路的單位，比「聯合新聞網」早了七個多月。北美《世界日報》網站開站一年半之後，每日送出新聞已達兩百萬頁次，網站的主要單元已從當初九大項擴大到三十三項，迄今美國五十一州中的四十六州和加拿大十省中的六省，均有《世界日報》網站的網友。可見北美《世界日報》在新世紀新挑戰的衝擊之下，正鼓足勇氣向前。

一九九六年，北美《世界日報》創立二十週年，馬老總卸下兼總主筆的重擔，在生理上他已屆實足年齡七十五歲，不宜過度操勞。他在〈重新踏上復旦大學新聞館的臺階〉文中回顧過去說：「復旦大學孕育了我的堅毅奮鬥精神，培育了我的專業智慧及敏銳的新聞嗅覺和觸角，得以在順境時游刃自如，在逆境中永不絕望，也從來不對惡勢力低頭或對壓力屈服」，是他自我描繪的心聲。據我了解，他從聯合總編輯位置上突然被拉下來，調任有職無權的副社長，負責報社未來發展的規劃，原任副社長劉昌平，改為有實權的第一副社長。不久社方派馬老總到紐約，擔任駐聯合國總部的特派員，工作範圍太窄，也難有發揮，這樣渡過四年的灰色日子後才有轉機。

這時有一位醫生朋友，有意投資他在美國辦報，當馬老總將這訊息告訴王惕老時，惕老立即回應「我們自己來辦」，這才有馬老總的瑞士之行，《世界日報》才正式進入籌備階段。

任何人的生涯都有逆境和順境，馬老總將「在逆境中永不絕望」的堅強意志，推說是在復旦大學育孕而成，其實自我的磨練更重要，他能夠在《世界日報》創辦初期那樣刻苦堅忍的領導，是經過那段灰色日子的一股爭氣的力量在推動。天下事往往就是這樣禍福相依，如果馬老總沒有那段灰色的日子，可能就不會有後來在美國這樣廣大天地的大格局的開創機會；如果沒有美國《世界日報》衝向跨國性的衝刺，聯合報系也不可能有今天這樣環繞全球的穩定性的發展局面，真正成為全球最大的華文報集團。

不可不讀的「奇才」

從《報壇耕耘六十年》，不但可看到馬老總為個人一生的志趣、為國家民族的前途而馬不停蹄、克服萬難的打拼史，當然更可看到他由一個報的採訪主任的領導，到總編輯的領導，到美國開天闢地，擔任數報總社長的領導，如非馬老總這個「馬首」有過人的魄力，堅毅奮鬥的耐力，和勇邁直前的領導奇才，北美《世界日報》豈能有今天站上世界華文報高峰發展的奇蹟，展現了報業史上空前輝煌的一面。《聯合報》從臺灣小島出發，已創造全球化、國際化的世界華文報業王國，前景一片燦爛。無論你是現在正從事傳播工作，或還在學習傳播工作階段，馬老總都是你追尋的典範，他的《報壇耕耘六十年》這本書，更可啟發你的心智，不可不讀。

社長范鶴言在《聯合報》最風光時期退股，缺乏遠見。

對范鶴言的不實報導

根據天下出版的《〈聯合報〉的故事》，書中說：「范鶴言雖負責若干財務工作，對編務、業務等興趣缺乏，也少過問。」這一點全非事實，因為范鶴言退出《聯合報》當天，特請加入《聯合報》的《經濟時報》同仁便餐，筆者是其中之一。他自稱退出《聯合報》是斷臂之痛，乃不得已也，但他自信人有雙臂，斷了一肢，還有一肢，他打算另起爐灶，再辦一家新報。

在于衡寫的《〈聯合報〉廿年》書中，范鶴老不但參加每次社務會議、主筆會議、編務會議，而且主筆會議常在范鶴老家裡召開。

一九六三年九月，葛樂禮颱風來襲時，范鶴老在午夜涉水到報社，指揮工作、慰問同仁。《聯合報》在康定路時代，有一次報社隔壁失火，范鶴老也是半夜趕到報社慰問同仁，指揮救火。

于衡曾任《聯合報》記者、採訪主任、主筆，而且獲王惕吾支持當選立法委員，他這本《〈聯合報〉廿年》書是和當時的副社長劉昌平合作編寫，當然也通過惕老詳細審閱，怎會隔了十年就變成范鶴言「少過問」編務、業務呢？或許是指范、王合作的最後幾年，王退出兩人合作的副業，由范一人承擔，業務較忙。

《聯合報》廿年社慶前後，惕老曾中風、住院療養半年多，之後有重大事件到報社，仍行動不便。這段期間，監督社務工作，幾乎都落在范鶴老身上，每天要主持很多會議，必須很早到班，很晚下班。

常自寫社論

范鶴老出身書香世家，書法卓絕，文筆好，創辦《經濟時報》時，常親自寫社論。民國十七年就在漢口中央銀行擔任文書主任。民國二十六年，中央銀行總行遷重慶，范鶴老升任中央銀行總行秘書處副處長，在重慶物質生活極端艱困中，曾創辦

《金融日報》，研發戰時金融業的報國之道，可見范鶴老辦報志趣比王惕老早太多。抗戰勝利，央行遷上海，范鶴老兼任京滬區財政金融特派員辦公處主任秘書，次年調經濟研究處處長。民國三十八年一月升任中央銀行總行秘書處處長。《金融日報》一度在上海復刊，《經濟時報》的社長黃銘原是《金融日報》臺灣特派員，該報因局勢緊張停刊。中央銀行總行南遷，范鶴老辭職，攜眷來臺。央行總行遷來臺灣後，又續聘范鶴老為顧問。這時，范鶴老深感金融穩定對安定政局的重要性，本著書生報國之志創辦《經濟時報》，創辦初期，人才濟濟，總編輯朱虛白曾是上海新聞處長，吳國楨當臺灣省主席時，把朱虛白拉過去當臺灣省新聞處長；副社長趙君豪原是上海申報總編輯；副刊主編陳蝶衣，是上海極有名的海派大作家；總主筆何伊仁，是真正經濟專家，出任國立中興大學法商學院院長多年；記者何顯重後來擔任臺灣銀行總經理；記者蕭樹倫曾是美國合眾社記者；採訪主任黃天才，曾任駐日特派員廿多年，後來擔任《中央日報》社長。社長黃銘原是《金融日報》台灣特派記者，曾任日本大映公司臺灣代理人，創辦玻麗露公司。足見范鶴老很會用人，能網羅那麼多專家學者。因當時社會經濟剛起步，工商廣告少，報紙經營困難，苦撐兩年，才與《民族報》、《全民日報》合併。惕老說他對辦報編務、業務無興趣，那為何要幾度獨資辦報？

據筆者了解，在《聯合報》於東區建大樓後，業務蒸蒸日上，范鶴老於此時忍斷臂之痛，離開明知前途大有作為的《聯合報》，實因第二代之間有磨擦。

《聯合報》因業務擴大，發行人室和社長室都增設助理，王惕老和范鶴老都安排自己兒子到報社當助理，一方面是減輕《聯合報》發展太快日益增加的工作壓力，另一方面也可培養接班人，讓第二代逐漸熟悉業務。范鶴老深覺自己兒子太善良老實，常吃悶虧，他自己雖然寬宏大量，受些委屈亦無妨，但年輕人則要有尊嚴。

據說王惕老與范鶴老合作多年，表面已似兄弟，可是共患難易，共享樂難，由於事業發展太快，彼此反而不能推心置腹。這時，每當王惕老出國，重要社務的決策，都交由親信的副社長劉昌平作主。身為《聯合報》第二號人物的范鶴老，以正牌社長之尊，反而不如副社長有權，范鶴老對此一直耿耿於懷，但為合作而忍讓。

另一方面，《聯合報》在經營十幾年後於金融界建立信用，銀行貸款方便，范鶴老與王惕老又合作了不少報社外的副業，包括房地產、樹膠公司、水泥公司。當王惕老發現報社本身業務大有可為又是他所喜愛而熟悉時，不願再分心搞其它事業，分別退出，剩下范鶴老一人單打獨鬥。可能由於其他事業纏身，從此范鶴老便不像《聯合報》康定路時代那麼熱心社務，與惕老間歧見日深，終於決定退出業務突飛猛進的《聯合報》。

范鶴老辦事業不如王惕老精明，少了惕老的合作，這些副業不無影響，其中有國際銀行貸款的正泰水泥公司，開始出現水泥品質沒弄好，是最大致命傷。其次是范鶴老為人忠厚，缺乏知人之明，過分信任身邊人，尤其是他一手提拔的黃浩，已有背叛行動，鶴老仍被矇在鼓裡。

據說范鶴老認為自己兒子太老實軟弱，擔心難擋商場風雲，才重用黃浩。這個年輕人是他從大陸帶出來的，做事能幹，鶴老將他視如子弟，圖章支票全交他作主。雖然早已發現黃浩在港、臺有兩個家，每週末必須飛香港，一生厚道的范鶴老自己也曾有過金屋藏嬌，誤以為年輕人風流，每月多花十幾萬元就當作報酬。不料黃浩可能難以應付兩個家，也可能是看出范鶴老事業上的危機，經營中的水泥公司雖然獲得國際銀行貸款，但是產品始終沒有起色，兼而投資又太大，不如一走了之，便安排香港情人移民加拿大。同時他又用范鶴言支票私自調款，早已匯出數千萬元，當加拿大、香港、臺北都安排妥當，正要捲款遠逃當天，可能良心不安，內心過度緊張，卅幾歲的黃浩，突然無疾暴斃，上不了飛機，而上了「西天」。當然，親友們都說那是現世報。

黃浩這一死，一切問題表面化，不但范鶴老從《聯合報》的退股巨款六千萬化為烏有（其中大部分投入籌辦中的水泥公司），還身負巨債，不少是私人高利貸款，無法清償，宣佈破產清債。另起爐灶的辦報計畫，當然更是泡湯了，以致一生安逸享受的范鶴老，晚年備嘗清苦日子。范鶴老亦曾一度以為退出《聯合報》還有一筆退職金，但惕老不肯給，結果，仍不了了之。

由於正泰水泥生產的水泥品質無法改善，業務無法好轉，終於拖不下去，破產負債。范鶴老晚年皈依佛門，晚景淒涼，但他很看得開，凡事無怨無尤，安貧樂道，靜養天年直至去世。

摘錄訃聞中范鶴言先生事略如下：

范鶴言生於民國紀元前十年（一九〇一），誕生於浙江鄞縣的書香世業，閥閱門楣，海內馳名的范氏天一閣藏書樓，即為其先祖所有。幼承庭訓，穎悟逾人，在浙江商專畢業後，赴滬深造，文名蔚起。民國八年，就任寧波勸業銀行文書，翌年，改任青島明華銀行文書主任，民國十七年國民革命成功，任漢口中央銀行文書主任，兼中央造幣廠委員。政府旋在上海籌設中天銀行，先生即赴滬參加籌備工作，並受任籌備處文書主任，央行正式成立後，調充秘書處秘書。迨民國二十六年抗戰軍興，央行總行先遷漢口，復西移重慶，范鶴言升任為秘書處副處長。

重慶為戰時陪都，全民精神堡壘，范鶴言宣導戰時的經濟政策，特創辦《金融日報》，並兼任四行兩局聯合辦事處所創辦的銀行人員訓練所委員兼教師。抗戰勝利，先生復兼任京滬區財政金融特派員辦公處主任秘書，不二年，調為中央銀行經濟研究處處長。是時共匪叛亂，劫火蔓延，國府於民國三十八年（一九四九）夏播遷廣州，央行總行繼亦南移，改任為中央銀行秘書處處長，嗣以人事變遷，范氏亦卸職攜眷渡海來臺，次年央行聘請擔任顧問，先生受命而辭不支薪，以迄於今。先生抵臺之初，鑒於反攻復國，端賴團結海內外同胞，激勵民心士氣，同仇敵愾，開創新生。乃於一九四九年，以書生報國的胸懷，作發展自由企業的讜論，先則創辦《經濟時報》，繼於民國四十年與王惕吾先生主持的《民族報》，林頂立先生主持之《全民日報》，合併為聯合版，業務蒸蒸日上，乃於五十七年登記為《聯合報》，王惕吾任發行人，范鶴言任社長，開創臺灣民營報業的新時代。

范鶴言平素除銳意開創事業外，對社會服務，公益事業，極具熱忱，在對日抗戰時，慰勞前線將士，創辦銀行服務，協辦銀行人員訓練所等，皆人所欽仰。來臺後，從事工商運動，先後參與發起創立中華民國工商協進會，擔任常務理事兼秘書長，又被推任中央國際獅子會會長，寧波同鄉會理事長，籌設眼庫等公益團體等，均卓著貢獻；而受聘為中央社會工作會工商運動研究小組委員，以及中華民國對外貿易發展協會外銷服務委員會召集人等職，亦無不竭盡心力，以赴事功，故聲望聞於中外。

先生日常生活，恪守規律，待人接物，誠摯謙和，而忠愛國家，尤出天性，數十年間，服務不拘名位，每值時事之邅迍，輒居間協調，折衷允當，隱德高風，功在國家社會，為人豁達，豪邁、好學力行。

先生身體素健，雖年逾古稀而精神煥發，以筆墨自娛，書法卓絕一時。識者咸以為其必能克享期頤，詎料民國六十八年八月中旬，突患心臟病，送中心診所醫療兩月餘，雖經多方救治，延至十一月十日晨七時，竟因心力衰竭，遽歸道山。遺夫人韓莉君女士，子女各二，均已成家，孫輩六人，皆頭角崢嶸，克紹箕裘，先生亦可稍為安心長眠於地下矣！

范鶴言先生治喪委員會　謹述

民國六十八年十一月二十日

社長范鶴言在《聯合報》最風光時期退股，缺乏遠見。

《聯合報》與《中國時報》的對決

我家保存兩百多期《聯合報》社務月刊和一百廿多期聯合報系月刊，這些都是《聯合報》珍貴報史，其中光是王惕吾的談話，就可出一本書。這些談話以如何培養人才的指示最多。我敢說，在台灣所有新聞機構中，沒有一家報社對員工的在職進修像《聯合報》這樣重視，而且實際也做得這麼好。《聯合報》出版社務月刊和報系月刊的目的，也是另一種在職進修的作用。他們除了經常刊登社內員工的工作經驗、檢討工作得失外，也刊登先進國家報業成長經驗、報人的奮鬥史等以作為借鏡。

除了社務月刊、報系月刊，還有通訊組的通訊月報，每期都針對外埠記者的工作缺失、新聞寫作，提出詳細檢討。此外並設立文章病院，用實例分析缺失。發行組也出版過四開報，但期數不多。工會成立後，此一工會半月刊就從未停過。

四十年來，《聯合報》的編採人員手冊也印發過四次，著重實務的錯誤防範、傳承先進的經驗、釐訂工作規範。所以有人說，這本手冊甚至可作大學新聞系最實用的教材。

《聯合報》社刊，是台灣新聞界最早的社內刊物，次年《中國時報》跟進。王惕吾和范鶴言都分別在社刊發表過文章。惕老的文章指出：「不能單以增進瞭解、溝通意見為已足，它還有一項重要的任務，便是對業務改進的切磋和工作熱忱的鼓勵……為同仁學識的進修，經驗的累積，在檢討中找缺點，在工作中求進步，每個人自策自勵，也幫助別人毋怠，將全體同仁的智慧、學識、努力結合起來，定然形成一個進步和堅強的力量，對上述的要求，自可如期達成。」

范鶴言則為發刊社務月刊敬告全體同仁：「一個事業的成功，最重要的是能『檢討過去，策勵將來』，所以本報不斷的舉行社務會議，以及各種業務會議，以決定經營與服務的正確方針，乃有今日之成就，但百尺竿頭，更進一步，則必須廣泛的集合多數同仁的意見，互相砥礪，因此有社刊的誕生。我們期望由於社刊的印行，而獲得各地本報同仁貢獻寶貴意見，尤其希望把每一角落的讀者對本報的批評反映出來、集納起來，而作為本報改進的方針。尤其外埠同仁能對總社各種措施、人事異動、規章制定及公文發布等，增加瞭解，不致隔閡……將因本刊的發行，使內外同仁，融為一體，上下打成一片，開誠合作，使我們能真正完成新聞工作者的任務。」

《聯合報》社內出版各種刊物的人事費、稿費很可觀，都是由社方負擔，惕老在這方面毫不吝惜。八〇年代前，社務月刊的稿件每期發稿前，都要送給惕老親自過目，以便使他了解員工的工作實況。有一期有一位編輯建議「為何不用仿宋字」，第二天惕老即召見這位編輯，鼓勵他提出質疑。諸如此類的例子很多，都可見惕老的關心。

《聯合報》為鼓勵同仁出國進修，除了月薪照發，還負擔學費、旅費，可以說惕老對培養人才真是不遺餘力，不過出國進修人員有時會流失而枉費心機。

《聯合報》為推行在職進修兼可訓練新進入員，乃成立專責單位，邀請專家學者及中外前輩作專題講演，又鼓勵員工組織各種讀書會，利用上班之前或下班之後開會，專題研究則徵文出書。同仁們也曾到調查局等特殊機構參觀，充實基本常識；社方也曾派整組人員到日本各大報參觀，回國後提出心得報告，刊登在社刊上供大家參考。

民國七十年，《聯合報》為培養人才，特出版《聯合月刊》並對外發行，每月的補充經費即達百萬元。民國七十七年後改為《歷史月刊》。

令人不解的是，愛才如命的惕老，卻也出現過幾次痛失良才的實例。

例如曾任《聯合報》聯副主編的林海音、和創辦《經濟日報》的首任總編輯丁文治都對《聯合報》很有貢獻，卻都只因一次作業疏失而被解職；尤其丁文治，為《聯合報》初辦時期創辦南社、航空版、及《經濟日報》，都立過許多汗馬功勞。聯經社及《聯合報》大將劉國瑞也都是丁文治從南社帶到總社的。惕老曾將丁文治出借到菲律賓《新閩日報》，協助整頓社務；以及出借到台中《台灣日報》協助創辦建廠，建立編務制度，各皆一年多，為《聯合報》建立提攜同業聲譽。甚至王惕吾與范鶴言合辦南亞樹膠公司，也派丁文治去負責，可見惕老對他十分器重。

可是，就在《經濟日報》出紕漏後，丁文治遭解職；停辦南亞公司時，惕老也始終未對為何讓丁文治獨自維持十幾個員工的工作長達廿幾年有過任何的交代。

再如在《聯合報》南社出身、曾任《聯合報》基隆記者的董大江，由於未受社方重視，乃在不得已下進入《中國時報》，為該報建立彩色印刷體制，更成為美高力斯彩色印報機的台灣負責人，將台灣報業推進彩色時代。

在《聯合報》第三十七年的「報系月刊」上，刊登王惕吾董事長參加編務座談的談話裏，即有下列一段話說：「世界上任何事業要有成就，都必須靠人才；美國之所以強盛，人才匯集當為重要因素。站在本報系立場，為了事業的發展而求才，我們可以效法三顧茅廬，請出諸葛亮一般。而且，為期所有人才都能有所發揮，我們並從編制、組織方面採取適當措施配合。將來報紙篇幅增加，大家能夠發揮的領域也就更寬廣了，但是，必須注意的是，要使自己發揮的管道暢通！」

既然要三顧茅蘆找人才，為何對擺在眼前的人才棄之不顧？這其中有無某些成見？外人實在很難了解。

《聯合報》與《中國時報》之戰，不像對付《中央日報》那麼方便，由於兩家都是民營報，而且彼此的企圖心都很強，弄得同行幾乎有如敵國，由兩報老闆到記者、業務員、各級主管，雙方都不願碰頭共餐。這往往使得活動主辦單位為難，這邊先到那邊不來，必得設法補請。甚至電影公司試片、聯合與中時也要分開邀請。舉辦有關業務宣傳活動，與這邊合辦，那邊就不捧場；與那邊合作，這邊也不參加。部分記者能體諒主辦單位苦心，兩邊都參加，但仍多半視而不見，不打招呼。

在《聯合報》曾任副刊編輯的馬各，本是名作家，應中時副刊邀請，擔任小說評審，被惕老知道，很不高興，公開指責：「《聯合報》堂堂編輯，怎麼去當別人評審，沒有一點同仇敵愾之心。」

軍人出身的惕老，很重視員工的忠誠度，如果能表現出中時高薪力邀而不願跳槽的態度，必有飛黃騰達之日。反之如馬各有了那一次做中時的評審事件，惕老則始終不諒解，他一直沒有升遷機會，也沒有得過獎。

《聯合報》有一位出身北京大學的編輯焦家駒，很有才華，因為欠債提前退休，除退休金，還幫助他解決困難。不料焦家駒退休後，第二天竟到中時上班，易老很生氣。不久，焦家駒因車禍久不上班，又被中時解聘失業，生活困難，便很想回《聯合報》。因《聯合報》與《中國時報》的恩怨情仇，便托劉潔向惕老求情。惕老坦言：「任何人走出《聯合報》都可以回來，就是焦家駒不能」，劉潔只得向同事募款接濟焦家駒，可見惕老最痛恨背叛份子。

惕老與余紀忠衝突的表面化，是民國六十三年六月，在新聞局長錢復辦公室，為了印報用紙來源問題當場口角，從此兩人形同陌路。

《聯合報》與《中國時報》的磨擦，是遠在《中國時報》未改名前的《徵信新聞》時代已開始。由於每天有新聞比較，社方盯得緊，漏了一方，記者無法向報社交差，便設法唱反調、找漏洞，指責對方新聞錯誤，強詞奪理、捕風捉影，鬧了一陣，對方沒有反應就熄火，否則沒完沒了。究竟誰是誰非，其實難有公論，但如此一來積怨愈來愈深。

《聯合報》社務月刊三十一期，於五十四年七月三十一日出版，刊出「從翁慨案看社會新聞的採訪」，其中提到《徵信新聞報》以本報為目標，全力競爭……，我們在同業間的競爭上，要竭智盡力，爭強爭勝，對任何報紙順應新聞事業進步的措施，則均表讚揚。《徵信新聞》深自檢討其翁案新聞，是求取進步的表現，我們見之欣然……」。並將《徵信新聞》刊登在「通訊指導」上的檢討全文刊出，作為對《聯合報》記者的警惕，雙方的態度都很好。

《徵信新聞》對其「翁案新聞」的檢討全文（「通訊指導」地通字第四十號五十四年七月七日）茲錄如次：

各位同仁：

彰化縣省中前校長翁慨被毀容案，是一件轟動全省的大新聞，本報駐彰化及台中的工作同仁，均曾投入這場新聞採訪戰中。無庸置疑的，參與採訪的同仁，均曾盡過最大努力，希望有所表現。可惜由於撰稿觀念的偏差，終至導致此一採訪戰的效果，功敗垂成。連累報社不得不在高潮隱去之後，作一次自我澄清。此舉對駐外同仁來說，也許認為是打擊士氣，沮喪信心的做法。但是，報社基於本身立場及其所負社會道德的責任，不得不這麼做。這裡，我們提供三點檢討，希望我駐外全體同仁共勉之：

一、「附和眾議」的基本錯誤：記者執筆撰稿時，要運用冷靜的頭腦，縝密的思考，明辨是非，區別黑白，切不可附和眾議，人云亦云。翁慨事件發生後，本報在新聞報導中對男主角大張撻伐，而其資料依據，則為基於私人恩怨舉報以及街頭巷尾的傳聞。這種作法，不僅嚴重地損害了記者客觀的立場，而且有失公正。我們冷靜地分析一下，翁慨在這一案件中，是遭難的不幸者，姑不論其個人平日私生活如何，而以其目前的遭遇與處境，與論界除就事論事之外，斷不可予人以「落井下石」的印象。例如六月二十八日馬占魁同仁所撰的影化通訊中，有「翁慨利用巧克力糖，誘姦女性，被害者包括護士、寡婦、有夫之婦、女教員、圖書館小姐」等語，試問有何根據？如此武斷。此事後經查明，不過是根據別人的檢舉而已，甚而連檢舉人也拿不出具體的事證。這種附和眾議，人云亦云的寫法，實在太危險了，值得我們痛切反省。

二、罔顧法律責任與社會道德：記者秉春秋之筆，嚴善惡之辨，一字褒貶，關係一個人的榮譽與事業前途，下筆不可不慎。翁慨擔任彰化中學校長十八年，過去並未聞發生任何違法失職案件，唯獨此次毀容案發生後，本報記者即在新聞報導中，根據別人的檢舉書，直指其有貪污瀆職行為，並指摘其管理學校使用「走狗學生」作情報，進行「恐怖統治」，言下彰化中學大有小型「鐵幕」之概。須知任何傳言，一經刊出，白紙黑字，報社即負有法律責任，豈可不加謹慎？再說，林翠松不守婦道於先，及採取殘酷的毀容報復手段於後，如果正當的輿論竟公然同情其所作所為，無異否定貞操品德及鼓勵此種非法報復行動，則報紙為社會教育的一環，如何對社會風氣之轉移及社會道德之建立負責?兼籌並顧，客觀報導，是處在鐵路上，就不可能傳訊鐵路方面的人，也不會如中國時報所說使用儀器從基隆開始沿鐵路探測到台北。

《聯合報》在報上刊出有關各方面否認的消息，竟使《中國時報》惱羞成怒，於是第三天便見到《中國時報》記者亮出自己的名字在報上發表了一篇特稿，文內除了仍圖自圓其說掩飾錯誤外，同時並挖苦《聯合報》「找錯了心」。

也許該報記者陸珍年表示自己勇於負責，他沒有想到這篇特稿對他造成多麼重大的損害。這條新聞原是一個新進的記者寫的，由陸珍年查證發出，所以他的目的除了掩飾自己的弱點外，同時也表示他扛得起。

我從來沒見過一個人表現自己如此蠻橫的手法，不論他這篇文字如何強詞奪理，而他竟暗示否認此一消息的人是「小偷工會」時，連孫主任也惱火了。

於是，我決定給他答覆，從他的文字及那篇錯誤的報導中，我本可以找出很多毛病痛痛快快的駁斥他，但為保持君子風度，我祇扼要的給他糾正，而且儘量使自己不光火。

有不少人問我，為什麼你的態度如此溫和，我的答覆是我只辨別是非，讓我們的讀者有一個明晰的觀念，不要被歪曲的報導而混淆。

我的出發點並未被陸珍年所了解，他在次日仍作強辯，在無法作答的地方，便誣我們斷章取義。

他大概以為這是一場「筆戰」，大可自抬身價。

正如我們次日在新聞裡告訴他們的，文人相輕的筆戰時代已經過去，新聞事業已進入負責任的、不浮誇的、正確報導的時代，我們並表示不願再理會他們。

以後有人說：你們簡直是為《中國時報》上了一課。

民國七十三年七月六日，美洲《中國時報》第一版刊登一則發自台北的消息，標題是：「台北關切海峽兩岸『對壘』，報紙與電視台報導方式各有千秋」，文中比較台北各報對中華民國女子壘球代表隊三日在世界女子壘球預賽中擊敗中國大陸隊，有不同程度的報導。

其中提到「發行量僅次於《中國時報》的《聯合報》」就為了這句話，《世界日報》和台北《聯合報》，引起軒然巨波。

《聯合報》社刊登出在《世界日報》的駁斥啟事如下：

駁斥美洲《中國時報》不實報導的聲明

美洲《中國時報》七月八日第一版所載台北訊一則，比較台北報紙對中華民國女子壘球代表隊三日在世界女壘預賽中擊敗中國大陸隊，有不同程度的報導。其中，對台北《中國時報》因由該報供稿，而「在頭版以最顯著標題做為頭條新聞」，自鳴得意之餘，竟於提及《聯合報》時，出之以「發行量僅次於《中國時報》的《聯合報》」之語，此一詭異不實的話法，實為知者所不齒，此一新聞寫作方式，亦屬貽笑大方。

台灣報業向無發行量稽核制度，惟可於購紙量約略得知，《聯合報》歷年蒐集的購紙量資料，均顯示台北《聯合報》發行數量第一。而美洲《中國時報》謂《聯合報》「發行量僅次於《中國時報》」，乃是一種歪曲事實的說法。

回顧美洲《中國時報》於創刊前後，曾大事宣傳其發行七萬份，而於創刊一年之後，在台灣某電視台製作之節目中，又自稱發行三萬份，可見美洲《中國時報》當時所說的七萬份是虛假的。像這種對自己發行量都可隨意自說自話的報紙，它憑什麼來說別的報紙發行量？

美洲《中國時報》這一不符實際情況的報導，有損本報報譽及權益，除已委託律師Neil L. Shapiro去函該報於三週內自行更正外，特此公開說明。

《聯合報》社謹啟七十三年七月九日於台灣

以前大報社內都有安全室，是警總保密機構派在社內的情報系統，並利用各單位其中一個同事作眼線，注意每一員工的言行。中時和聯合內部還有互相派臥底人員，通風報信，各報的發行數字屬於高度機密，惕老在開會時卻公開說據他的管道得到的信息，對方實際發行數字如何如何，如果沒有人臥底怎會有此情報？

三、與論無權代替法律審判：翁慨事件使彰化地區人心鼎沸，若干與翁某有私人恩怨者，利用此一機會對其展開無情的攻擊，即所謂「聲討翁慨」的浪潮。本報記者在報導此類新聞中，亦多不能抑制個人感情泛濫。殊不知此種企圖藉與論代替法律，故入人罪的一窩風作法，是為識者所不取的。

由於上述三項缺點，導致我們在這一回合的新聞採訪戰中，一敗塗地。顯然地，最後的自我澄清，更難免引起一般讀者及同業的懷疑，但本報為了自身的責任，社會的信譽及新聞事業的使命，不得不勇敢地作此補救。希望各地同仁今後引為殷鑑，自我警惕，以免重蹈覆轍，損害報譽。

問題是《徵信新聞》的「通訊指導」是對內秘密刊物，《聯合報》怎麼會有？而且是每期都有。當然《聯合報》的社刊，《徵信新聞》也是每期都有，究竟這社刊雙方是怎麼「交換」來的？惕老曾暗中追查，也因此社刊成為雙方筆戰另一戰場。

不過《徵信新聞》主動檢討翁案報導缺失，有其正面意義，《聯合報》轉載也應予肯定。

民國五十八年二月二十八日，《聯合報》社刊登了記者趙慕嵩駁斥《中國時報》的文章現節錄如下：

一、駁斥中國時報記者的謊言（趙慕嵩）

《中國時報》為了表達他們在中華航空公司失事客機的新聞採訪上，如何的發揮了記者的才能，又如何如何的「內外合一」，他們把二十四期的社刊擴大篇幅，出了一本「特大號」。

在那本「特大號」內，有七個人執筆寫稿，每個人除了盡情表現自己的才華，表露自己的能幹之外，再就是攻擊《聯合報》的李勇和趙慕嵩。

本來，社刊是他們的對內刊物，可以任憑他們一手遮天的在自己臉上貼黃泥巴，但是因為他們的每篇稿子都拖著我跑龍套，所以我不得不在我們的社刊予以解說。

我深感遺憾的是：《中國時報》的記者們，居然那樣胡言亂語的自我標榜，蓄意攻擊同業。

《中國時報》採訪副主任陸珍年在他的「華航之役齊用命、冒險犯難盡職責」中寫著：「於是當晚（元月二日）我們在屏東留宿，順便訪問罹難副機師的家屬，並與葉勉予電話聯繫，知道《聯合報》趙慕嵩等四位記者在晚間十一時到達大武，聲勢浩大，勉予希望我們快去，我告訴他不必心慌，並把林主任的意思轉達。」

這位陸副主任雖叫他的記者「不必心慌」，其實他自己卻慌得不得了，他因行動遲緩，又不能當機立斷，但又惟恐我們在大武有所收穫，於是他在屏東的旅社內「閉門造車」，而他打回給報社的新聞電話中，卻自稱是大武發新聞。元月三日的中時報上，有好幾條新聞的開頭是「本報記者陸珍年二日大武專電」，身為副主任的陸珍年，第一天出發採訪空難新聞，就領頭指使他的部屬造假，怎不叫人為他齒冷。

最令我難以緘默的是台東的管廷聚寫的那篇「戰略、戰術與戰果」。因為他有一段寫著：

「我於三日上午十時許，雇了一輛計程車趕往台東機場採訪，這時機場已被封鎖，與軍方守衛再三交涉，均不得其門而入。當時，《聯合報》社派來台東採訪的趙慕嵩等二人也在守候，他們看到我來之後，故用調虎離山之計，但我不理他的這一套，仍在機場門口等到周一塵等人出來，再追蹤採訪，所以我對軍警雙方採取的搜山措施，瞭如指掌，使爾後的採訪與報導，裨益良多，《聯合報》記者趙慕嵩雖為『鬼靈精』，但這一下他卻栽在我的手裏。」

管廷聚在寫這篇稿子時，一定心花朵朵開，因為他說「趙慕嵩栽在我的手裏」。但他不知，我和龍啟文在台東機場封鎖之前，已從大武趕來，進入機場訪問了空軍基地的部隊長，警衛人員，以及塔台人員，從這些人的談話中，使我對失事客機在離開台東機場前的種種情況，獲得了解，等我和龍啟文乘計程車離開機場後不久，基地部隊長為避免新聞記者再進去干擾，於是宣佈機場封鎖，我們出來時遇到管廷聚，打個招呼，我們即趕返大武，他卻自作多情的認為我們把他當「虎」，要調他離山，卻不知他自己成了一隻「病貓」。所以他說我栽在他手裏，實讓人心底好笑。

（筆者按：趙慕嵩後來竟「跳槽」《中國時報》成為該報跑社會新聞的大將，這些往事，大家重提都會好好笑。）

樹立臺灣報人風骨的硬漢丁文治

《聯合報》已故副總編輯丁文治，確是樹立臺灣報人風骨的新聞工作者，個性耿直，是非分明，有強烈正義感，不畏艱難，節儉、勤勞，不懼權勢，勇於任事，勇於擔當，追求真相，實事求是，而且為正義、為公理會堅持到底，絕不妥協，可說是鐵錚錚的硬漢。

他工作能力強，曾是《聯合報》援外強將，曾派往馬尼拉協助《大中華日報》重振編輯部，也曾派駐台中，協助《台灣日報》創辦，協助建立工廠，成績卓著。

丁文治是江蘇泰興人，民國九年出生，在臺灣光復初期，以上海《僑聲報》記者身份來臺，由於他嫉惡如仇的個性，加上當時年輕氣盛，對陳儀政府官員接收的貪污和態度傲慢，毫不保留的揭發，包括「看陳儀的小王國——臺灣」、「陳儀儼然南面王」等，寫了十幾篇專題報導，對臺灣光復初期的接收政風敗壞，嚴詞譴責。民國三十五年六、七月間，丁文治被聘擔任《和平日報》採訪課長，又揭發大官貪汙的新聞，如專賣局長于百溪、任維鈞，臺北縣長陸桂祥的貪汙案等，均在《和平日報》上一一刊登；還在該報上開闢專欄「七日談」，以幽默筆調，諷刺官員的種種醜態，和揭露臺灣民眾生活困苦的景象。丁文治在《僑聲報》和《和平日報》上發表的臺灣大官貪汙的新聞，甚至有直接攻擊陳儀的文章。起初陳儀不理會，後來警備總總司令柯遠棻約談丁文治，予以軟禁，然後遣送回上海，列為臺灣不受歡迎的人物[1]。一九四九年，上海將淪入共黨之手，丁文治找到軍方關係，再度來臺。這時《經濟時報》已創刊，他和社長黃銘曾在上海一起採訪，很熟，於是經黃銘介紹進入《經濟時報》，擔任副總編輯。筆者與丁文治結交，就是在《經濟時報》才開始，不過跟《和平日報》復刊後的副社長兼總編輯張煦本來認識，在衡陽街的《和平日報》採訪部也去過幾次。筆者記得作家王藍當過採訪主任，後來《和平日報》關門，社長曹先錕自辦《東南晚報》，筆者也應曹先錕之聘，在該報兼差了一段時期，因經常欠薪缺紙，報社不久也關門。

1 參考：王天濱著《臺灣報業史》，臺北：亞太出版，2003年4月。周夢江著《漫談光復初期臺中〈和平日報〉一些情況》，臺北：人間出版社，2001年8月。周夢江著《舊事重提—記和平日報》，臺北：時報文化出版公司，1995年4月。

筆者拜讀二〇〇八年四月九日至四月十五日《臺灣公論報》，王篤學、阮大方兩位先生同一天談丁文治的大作，深感人生有緣。丁文治也是我的同事好友，而且我和丁公（習慣稱呼）的相處，至少三十年以上，不但是《經濟時報》和《聯合報》的同事，也是《臺灣日報》的同事，我編《臺灣日報》娛樂版，純粹是為了支援丁公，勉為其難兼差。當時我在《聯合報》每天晚上上班外，白天兼編《民族晚報》影劇版、通訊版、婦女版，還要為《聯合報》新藝版每週固定寫一篇周末影談，要看很多電影，工作量十分沉重。好在我兼《臺灣日報》娛樂版的主編，是晚報下班後編稿，晚報有用不完的稿件圖片可移用，中南部也有一群寫稿人士。我為建立地方報本土化特色，長期徵求臺語片觀感稿約，應徵稿件相當踴躍，同時《臺灣日報》專用影劇記者熊德揚也很努力寫稿，稿源不缺，編好後有人來取稿，當天送到臺中，臺中編輯部有人代看拼版，代看大樣。一度我要請辭，丁公叫我做完半年同進退，因此，丁公借調《臺灣日報》確是半年，不是三個月。該報創辦人夏曉華在一篇遺作〈十年辦報一場夢〉中也提到他要感謝王惕吾，允借調丁文治半年，薪水仍由《聯合報》支付，但丁公不拿《臺灣日報》的薪水，工作仍一絲不苟，令人佩服。

我和丁公在《經濟時報》工作期間，他的太太還在宜蘭空軍子弟學校教課，一度在水源路同租一屋共住，還有一位現在美國的同事韓漪也在一起，後來我和丁公住進

《經濟時報》宿舍也是同住一起，韓湋調外埠。

但是《經濟時報》，《全民日報》、《民族報》合併為聯合版時，丁公因病在宜蘭休養不在臺北，《經濟時報》編輯部隨范鶴言進入《聯合報》的只有筆者一人，丁公身體康復後進臺南《中華日報》。一九六三年范鶴言去臺南意外發現丁公，叫他回來《聯合報》。由於聯合版編輯部是由《民族報》的王惕吾負責，范社長將他介紹給王惕老、總編輯關公（關潔民）見面，由於他資歷好，又曾是《經濟時報》的總編輯，立即獲安排為副總編輯。這時《聯合報》計劃要出南部版，派丁公負責籌備，於民國四十二年十二月十六日正式出報。當時還沒有傳版技術，北部總社稿件送到南社要重新撿字排版，總社副總編輯曾憲宧兼任南社總編輯，主要任務，就在南北稿件的互用調配聯繫，丁文治以副總編名義坐鎮南社，我曾到南社參觀，獲得好友們熱烈歡迎。

在丁公的主持下，《聯合報》南社編採陣容，獨多精英，可惜業務發展未如理想，一年後辦理結束，南社精英份子全部撤回臺北，全部安插總社後更有發揮。這些精英包括劉潔、劉國瑞、吳博全、董大江等等，當年丁公和他們生活在一起，朝夕相處如兄如弟，無形中，丁公成為南社幫的領袖，回臺北後，雖然工作分散，仍然常有聯繫，尤其春節期間，這些老部屬都會到丁公家中拜年。強將手下無弱兵，丁文治在《聯合報》南社領導的團隊都是一流人才，後來兩人當了《聯合報》總編輯。其中，董大江出任《聯合報》基隆記者不久，跳槽到《中國時報》改行做印刷廠廠長，試辦彩色印刷，費時一年整頓，《中國時報》首創彩色印刷成功，帶動中國報業的彩色印刷時代來臨，董大江因而成為美國高斯彩色高速印報機臺灣總代理，臺灣各報跟進印彩色，所有的高斯彩色印報機都是董大江經手。董大江本名董佩璜，出身工業學校，管理工廠機器是他本行，在白色恐怖時代他曾被警總關過，出獄後改名董大江，他感覺到《聯合報》總社諜影幢幢，所以跳槽。當時《聯合報》除了「人二室」是直接治安人員外，還有幾位同事兼任警總線民。另一方面，丁公和劉國瑞、唐達聰三位能力強手，合辦「學生書店」，業務突飛猛進，在出版界一枝獨秀。《聯合報》王惕老發現學生書店的卓然有成，尤其印明清古書暢銷美國，乃找劉國瑞去專責創辦聯經出版公司，一切條件比學生書店強十倍，又升他為《聯合報》總編輯，學生書店改由丁文治一人負責經營。它一度出版的清史書外銷美國，又獨資出版台灣出版年鑑成為大熱門，這都可見丁公當年在傳播界的成就。據劉國瑞說，唐達聰不是學生書店的股東，而是幫忙性質。

一九五六年筆者結婚時，和丁公同時在東園街買房子，毗鄰而居。那年東園街淹水，當年《民族報》的同仁也住在東園街，《聯合報》採訪主任馬克任在筆者和丁公住所隔一條街的巷子裡。王惕老得知東園街淹水，特別乘自用車到馬克任家慰問，卻未順道來探望同樣遭淹水所困的副總編輯丁公。聯合報系的《經濟日報》創刊時，丁公擔任總編輯，建立經濟新聞獨特風格，他提倡的副刊生活化也與眾不同，此時他已遷居仁愛路仁愛醫院後面的《聯合報》興建的員工私有公寓。

丁公有一段時期，擔任王惕老和范鶴老合營的樹膠公司的經理，承包軍用品製造業務。後來王惕老將樹膠工廠賣掉，卻未對丁公和他手下工作人員作安排，據說丁公因有舊案，老中央部有指示，不能讓丁公回新聞界，故王老闆不便作安排。丁公為了維持手下工作人員的生活，繼續接訂單，工作了幾年，直到沒有業務才遣散員工。他獨自一人每天早晨七點鐘，仍準時從仁愛路四段住所步行一小時，到峨嵋街康定路《聯合報》樹膠公司的辦公室，面對空屋，中午帶便當，吃完便當，下午步行到和平東路學生書店上班，主編出版年鑑，每年一大本。這時期他每天健行二小時以上，有益身體健康，但對王惕老不滿，長期悶在心裡，他繼續坐鎮康定路《聯合報》給樹膠公司的兩間空屋，應是一種無言的抗議。一度王家第二代王必成想把空房子收回，但懼於丁公硬漢的威望，王惕老欠他的交待而作罷，這樣的冷戰持續到丁公逝世前兩年他住醫院才結束。丁公住的《聯合報》仁愛路員工公寓，因黃金地段，漲價好幾倍，多位同仁已遷出或改建，只有丁公的住所仍是兩層樓平房，拒絕改建三層樓及高價出賣，兩排宿舍中只有他一戶一直是老樣子，這就是丁公的硬漢作風。丁公曾因《聯合報》將他出借給《台灣日報》，離開仁愛路住處一段時日，之後一直住在那裡。以下摘錄《臺灣公論報》阮大方、王篤學兩人對丁公出借的故事如下：

丁文治的報人風範

曾任《中國時報》副總編輯，在台灣新聞界服務四十多年的老記者老編輯，應《台灣公論報》之邀，撰寫「回首報壇四十年的人物專欄」，第一篇就寫他最尊敬的丁文治，由於我也應邀在該報寫稿，才有機會看到以直接訂戶銷售並沒有公開販賣的《台灣公論報》。王篤學認識丁文治，是在《台灣日報》創刊時，進報社第一個就見到在大陸時代已是名記者的老報人丁文治，使他見到中國傳統老報人的耿直，嫉惡如仇的風範，一直把他列為啟蒙老師，而且有古人「一日為師，終身為父」般的尊敬，十分難得。

據王篤學在回憶丁公的往事中說：丁公在《聯合報》服務時，有一個膾炙人口的故事：他因發了一則新聞得罪當局，警總部找他進去問話，丁公一本報人守則堅不吐實新聞來源，所以留在警總出不了大門。《聯合報》不見丁公人影十分詫異，四處打聽下落，正巧在跑警總新聞的陳書中，無意中發現丁公騎的腳踏車放在警總大門口旁邊，於是回報社報告丁公在警總，才被營救放了出來。

對於丁公為何會從《聯合報》借調到《台灣日報》，據王篤學說：夏曉華先生創辦《臺灣日報》，找不到適當的人擔任總編輯，於是向他的朋友王惕吾先生借將。夏先生原意是要借《聯合報》的紅人劉潔，王惕老不肯放人，另行推薦丁文治。這裡面有一個內幕，因為丁公是范鶴老的人，惕老順水推舟推出丁文治，不過事先約定，只能借任三個月，三個月後必須送還《聯合報》。

丁公身材修長，面容清癯，兩眼炯炯有光，稱得上是「目光如炬」、威儀逼人，經常一襲藍布長衫，說起話來倒是和藹可親。每天晚上，他端坐編輯部的上方正中央，不苟言笑，指揮若定。我永遠記得影星葉楓和凌雲結婚後，來臺度蜜月的事，他們兩人到了臺中下榻臺中教師會館；報社派記者方培敬、于枕流兩人前去採訪，居然吃閉門羹；兩人回來向丁公報告，丁公勃然大怒，拍著桌子大吼：「去！去追！警告他們，不要得罪了我們《臺灣日報》！」《臺灣日報》四字鏗鏘有聲，這一幕如在眼前。

那時候，我們單身的人都住在《臺灣日報》編輯部的宿舍，丁公極少會客，上午起來和我們一起進早餐、一起看報，晚上一起上班，極少接聽電話，似無任何私人談話，對編輯記者也無任何私下交往，一切公事公辦。三個月下來，《臺灣日報》辦得有聲有色，在中部一枝獨秀，聲名遠播北部，與《聯合報》、《徵信新聞報》同樣都刮目相看。

厚蒙丁公不棄，待我這個後生晚輩相當客氣，偶有指教都稱「篤學兄」，真使我愧不敢當。三個月期滿後（黃仁註：六個月後才回臺北），丁公回臺北《聯合報》去了，我悵然若失。有一天我在《臺灣日報》副刊寫了一篇〈閒話李敖〉，想不到丁公居然看到這篇短文，還親筆給我寫了一封信，讚美有加外多所鼓勵，慚愧的是我不曾報答過師恩。

綜合而言，丁公給我的印象是生活儉樸，身無旁務，過的是清教徒式的日子。戮力從公，三個月沒有休假、沒有應酬、沒有交代過要發一則新聞或不發一則新聞，純粹新聞立意、公事公辦。丁公自律極嚴，卻從不見苛責過任何一位同仁，《臺灣日報》人人尊敬丁公，口稱丁公心悅誠服。

我回臺北後，見到《聯合報》的朋友，聽到有關丁公的軼事，以及他在經濟日報總編輯任內的作為，還包括他應邀到菲律賓替僑胞辦報的事蹟，私心竊喜，丁公的報人風範不僅影響我一個人，而且澤被很多人，他既樹立的報人典範，永留新聞界！

丁文治先生到菲律賓辦僑報的原因

《台灣公論報》社長阮大方，與丁公有更深一層的了解和接觸，他是在《經濟日報》創刊後，在丁公擔任總編輯之下當記者，他提到丁公會去菲律賓協助僑報整頓編務，此事與他有關。他說：

《聯合報》併購當年的《臺灣公論報》，創辦《經濟日報》，成立國內第一個報業集團，丁公奉派出任總編輯，我也被派到《經濟日報》採訪組、綜合新聞小組任記者，採訪主任是王彥彭先生，綜合新聞副主任是劉宗周先生。

創刊次年年初，美國將琉球交還日本，我很不以為然，就以此為題，到處找資料，引經據典，寫了一系列琉球應該歸屬中國，而非日本的專欄。登出四篇之後，報系老闆王惕吾先生在晚上編輯部上班時，突然駕臨編輯部，宣布「奉令停刊」，不必發稿的命令，當場氣氛凝重。丁公、王彥彭、劉宗周和我，被叫到五樓王惕老的小會議室談話，方知美國把琉球交給日本，是外交折衷的結果，國民黨中央黨部有書面通知給各新聞單位，不可炒作，所以連日來各報都沒有大肆報導，只有我在經濟日報獨家痛批，被《中央日報》在中常會上告御狀，因此得罪當道，召見惕老面諭：「不要辦了！」

其後查明中央黨部通報的文件，送到社長閻奉璋先生辦公室，閻社長未及拆閱，就鎖進書桌抽屜，編輯部從未看到，根本不知此事！王惕老央請有力人士向當道說明事實，自請處分，丁公慨然一肩承擔，遭到免職。

丁公向來不為警總所喜（黄仁註：一九四八年丁公曾被警總遣送回上海），警總落井下石，不讓丁公再在臺灣報界工作，王惕老安排他到菲律賓一家僑報工作（黄仁註：國民黨在菲律賓經營的《大中華日報》，丁公名義是總編輯整頓編輯部，總主筆邢光祖是國民黨的才子，後來返國任教），二、三年後丁公才返回臺灣。

當時，如果不是王惕老的擔當和丁公的風骨，到警總吃公家飯的，必定是我阮大方，因為我年少氣盛，基於愛國心，具名撰文，痛陳不當，才惹出了如此大禍，害得《經濟日報》停刊五天，丁公遠走異國，如今仍然有愧於心。

（原載二〇〇八年四月十五日的《《臺灣公論報》》）

可見丁公一生在受盡委屈中樹立了台灣報人的風範，在台灣報業史上，應留為後代追思追隨。

文學讓影像更有魅力

聯副小說改編的電影

聯副五十年來致力發掘和培養本土新生代的青年作家群，自民國六十五年起，首創一年一度以鉅額獎金舉辦小說獎後，又建立與優秀青年作家訂專屬合約制，每月給予生活津貼，另付稿酬，對青年作家幫助很大，開發作家為聯副創作的潛能，陸續發掘了小野、吳念真、丁亞民、朱天文、朱天心、蕭颯、袁瓊瓊、蔣曉雲、蘇偉貞等等新銳作家。

這些台灣光復後土生土長的文壇新秀，由於本身親歷台灣社會的轉型期，加以感觸敏銳，作品能從多層面反映台灣現實面臨的各種問題和本土文化的變遷，改編拍電影、電視後，改變了原有題材的貧血。從五〇年代到八〇年代，四十年間，聯副創作小說改編拍電影、電視的至少逾三十起，不但開啟盛行兩岸三十年的瓊瑤電影、電視時代，也帶領台灣新電影的興起，可顯台灣電影的本土文化意識，同時開創了開放社會中突破「男女情慾」禁忌的新電影之路。在世界報業史上，類似聯副以文藝領導電影、電視的製作風氣如此深遠影響的現象，可能並不多見。這該是聯副五十年來辛勤耕耘的收穫和貢獻，值得聯副編者群引以為傲。現以電影、電視攝製先後，大約可分六個時期來敘述。

第一，開啟兩岸的瓊瑤電影、電視時代。

第二，作家朱天文與小野等投筆從影。

第三，楊宏義與黃凡等的問題少年的煩惱。

第四，蕭颯與王禎和的濃濃本土文化氣息。

第五，李昂與廖輝英的女性文化轉型。

第六，鍾理和與林海音的大陸之夢。

這種分期方式，雖有小部分可能牽強，但每期各有特色，符合聯副五十年來以文藝思潮引領台灣電影浪潮的軌跡，例如以唯情唯美的瓊瑤軟性電影，取代僵硬政宣片和社會暴力電影，一新觀眾耳目，正是以六、七〇年代台灣女性愛情文學創作，突破四、五〇年代反共文學的新路。再如民國七十二年電影《小畢的故事》的出現，正是七〇年代末國片市場普遍低迷，已到「山窮水盡」的地步，《小畢的故事》正好創造了「柳暗花明」的新路，空前叫好又叫座，挽回失去的觀眾，使電影業者找到製片新路和信心，形成小說改編電影的新風氣，八〇年代台灣新電影由此興起，帶動年輕作家紛紛投入電影編劇陣容，如小野、吳念真、朱天文、丁亞民、廖輝英、李昂、蕭颯等等，無一不是出身於聯副的作者群……這對於台灣電影發展的貢獻之大難以估計。

開啟瓊瑤電影、電視時代

在我國影視史上，作品搬上銀幕、螢幕之久之多，又能橫跨兩岸三地的作家，唯有瓊瑤一人。她長達五十年的影視生涯的啟蒙，是從聯副開始的。瓊瑤第一部改編電影《婉君表妹》的短篇小說《追尋》，是從民國五十二年七月一日起刊登於聯副。當時採用這短篇小說的中影總經理龔弘和導演李行，剛拍完健康寫實的《養鴨人家》，看到聯副的〈追尋〉只覺得是適合拍電影的好題材，並未考慮是否屬於健康寫實題材，但為符合中影的立場，乃加進了一些國民革命的思想。某學者批評《婉君表妹》比《養鴨人家》的時空擴大，才是中影製片路線的正途。

同年，同樣改編聯副刊登的瓊瑤長篇小說《煙雨濛濛》由周旭江改編，由於原作素材豐富，戲劇性濃，改編得比《婉君表妹》成功，加上自導自演的王引，又啟用歸亞蕾當女主角，選角適當，演得又精采，便捧出優秀演員歸亞蕾。另一方面國聯的李翰祥也買了六部瓊瑤小說的電影版權，第一部《菟絲花》也在這一年開拍，於是真正啟開了「瓊瑤電影時代」。

《煙雨濛濛》不只適合拍電影，也拍了三次電視劇，第一次是一九七三年香港製作，鄭少秋、李司祺主演；第二次是一九八五年華視《幾度夕陽紅》改編連續劇，由劉雪華主演，轟動後，一九八六年又將《煙雨濛濛》改編連續劇，仍由劉雪華主演。這兩次都與原來小說情節改變不大，以悲劇結局。第三次是由大陸中央電視台投資，由趙薇取代劉雪華主演，改名《情深深雨濛濛》，故事背景改在一九三六年抗戰前夕的上海，增加了一個人物，以從軍作結局，主題較為積極，符合中央台的立場，收視率也是第一。

改編電影、電視的聯副瓊瑤小說，除《追尋》和《煙雨濛濛》，還有《浪花》（李行導演）、《紫貝殼》（潘壘導演）、《船》（陶秦導演）和《寒煙翠》（嚴俊導演）。其中潘壘編導的《紫貝殼》，改編後的電影與原來小說的情節出入頗大，啟用江楓和凌雲主演也失敗，瓊瑤相當不滿，她此後的合約中規定，改編小說的電影劇本必須經作者審閱同意才能開拍。也因此，這以後的瓊瑤電影更保持瓊瑤小說的唯美風格，被輿論評為「不食人間煙火」。幸好這時由白景瑞導演的聯副瓊瑤小說改編的

《女朋友》和《人在天涯》，都是寫青年人的刻苦奮鬥，強調向下扎根和出國深造的積極人生的主題。

瓊瑤小說改編的電影，共達五十部（台灣四十九部，大陸一部），被稱為「瓊瑤電影時代」，大部分都能保持很高的票房紀錄，也促成台灣電影的黃金時代，在台灣電影史上，佔有極重要一頁。不但培養了有名的二林（林青霞、林鳳嬌）、二秦（秦漢、秦祥林）的愛情片搭檔，還培養了唐寶雲、歸亞蕾等優秀演員，老牌和新秀導演如李行、白景瑞、陳耀圻、張曾澤、嚴俊、陶秦、楊甦、王引、劉藝、潘壘、林福地、郭南宏、劉立立等等，也因瓊瑤電影而更紅或躍登影壇。

瓊瑤拍完《昨夜之燈》，票房慘跌，宣佈退出影壇，結束瓊瑤電影時代。可是這時大陸流行盜版瓊瑤小說，年輕學生迷得如醉如痴，中共電視台擅自將《在水一方》等拍連續劇，《幾度夕陽紅》、《婉君》在大陸各省電視台播出，收視率都是第一名。因此大陸影視界也颳起「瓊瑤風」，中央電視台才會投資瓊瑤拍電視劇《情深深雨濛濛》，歸根結底，瓊瑤仍要感謝當年聯副的發掘和栽培。當然，當年《聯合報》也因刊登瓊瑤小說而銷路大增，很多女學生早上買了《聯合報》才去上課。

朱天文與小野投筆從影

一九八二年（民國七十一年），關心少年問題的陳坤厚、侯孝賢，將朱天文在聯副得獎小說《小畢的故事》改編拍電影，由五人小組編劇，每天討論，發揮集體創作智慧，劇本清新脫俗，導演細膩真實，低成本、小卡司、大賣座。證明有小說基礎的劇本故事深入，人物性格分明，尤其少年成長過程頑皮純真，映現了許多觀眾成長的縮影，給電影業者帶來改編副刊得獎小說的信心，投資拍《風櫃來的人》等形成一窩風。當時所謂「新電影」，幾乎十之八九都取材於副刊小說，其中新電影主力的黃春明的小說雖未刊聯副，但黃春明、七等生等都是聯副發掘的本省作家；朱天文也因參與電影編劇，成為職業劇作家。

陳坤厚繼《小畢的故事》後，自導自攝，拍了《小爸爸的天空》、《最想念的季節》及《流浪少年路》等新電影，每一部都是根據聯副的小說改編，都有不同創新風格。尤其《最想念的季節》，是朱天文在聯副刊登的同名小說改編，極具創意，以「未婚懷孕」的女記者為未來孩子找到憨厚的「合約爸爸」作「紙上婚姻」，同居不同床，相互尊重，製造趣事，最後誠意感動真結合。本片演勝於導，可惜劇作過於理想化，有人評為荒謬。陳坤厚與編劇丁亞民再度將《最想念的季節》改編為電視喜劇《甜蜜寶貝》，頗博好評。

《小爸爸的天空》改編自朱天文在聯副刊登的〈天涼好個秋〉，描寫中學女生糊里糊塗懷孕，女方家長強制以失蹤分開男女雙方解決困擾，到再見時，兩人已形同陌路。陳坤厚放棄戲劇性的煽情，冷靜而客觀的寫出年輕人寂寞無奈的心境。

《流浪少年路》是蘇偉貞在聯副連載的小說《舊愛》改編，由丁亞民、許淑真編劇，寫一個太妹遭遇三個男人，劇情結構似嫌鬆散，戲劇張力不足。

由聯副〈擎天鳩〉小說改編的《成功嶺上》，出自投筆從影的作家小野，本片將嚴肅、緊張的軍訓生活，用幽默、諧趣的方式包裝，徹底改變傳統軍教片過於規律、僵硬的形式，從生活化中製造笑料，讓受過軍訓的過來人和其親友們笑得樂不可支，又從團體的關愛和人性的過程中，表現出堅強主題，尤其用醉鳩隱喻主題，沖淡說教氣息，博得老少觀眾喜愛，為國片創造寓教於樂的政宣電影新路，叫好又叫座。這類片型，一度大受歡迎，不能不歸功於當年聯副的抉擇。

小野在聯副發表的小說改編成電影的，還有《再叫一聲爸》，改編為電影《寧靜海》，由林福地導演，永昇公司出品，由馬永霖和胡茵夢主題，這部片既不叫座，也不叫好，在小野作品中是早期的失敗之作。

在電視方面，小野的《封殺》和《揚帆，蝦米一號》，都由中視作家劇坊改編為單元劇播映。其中《封殺》，是《聯合報》第二屆小說獎第一名作品，以球賽比喻人生，是創作上一大進步。電視劇由張立群改編，未作充分發揮，可惜。

楊宏義與黃凡等的問題少年的煩惱

本名楊宏義的小赫，醫學出身，卻立志醫治社會人心。他寫小說數度得獎，可惜只有〈安安的葬禮〉拍成電影《安安》，由擅拍青少年問題片的老手林清介執導，駕輕就熟，他把握青少年的徬徨、苦悶，提出現代父母忙於自己工作，疏忽關懷和了解子女，主題十分突出。現在多少青少年的悲劇，都是父母的關懷和了解不夠造成。片中法律常識雖有欠缺，但友情真摯感人，仍可視作同類片的典範。

黃凡的《慈悲的滋味》，是聯副篇小說獎第一名，對人性的貪婪、自私、猜忌和勾心鬥角，藉一名正值青春期的大學生的觀點來表現。故事把人物集中在一棟房屋內，作為社會眾生相的縮影，可是拍成電影後，卻變成單純賣弄情色的通俗作品，十分可惜。

本片由吳念真改編、蔡揚名導演、庹宗華、蘇明明、王萊主演，陣容並不弱，問題在迎合片商的觀點，著力在賣弄色情，有兩場全裸床戲，用毛玻璃全景透視，拍得倒很美。但好學的大學生，在與成熟的女人幾度春風後，竟要常常自慰，就嫌賣弄。蔡揚名剛殺青上一部片，就接著開拍這部片，中間沒有一點空隙，未對劇本作深度思考，又匆匆忙忙上映，不可能好。

片中，除了房東老太太死後眾房客的爭奪戰有諷刺意味外，結局青年仍迷戀中年女人，不如原著的成長有餘味。電影界辜負了聯副編者與作者的苦心。

蕭颯與王禎和的濃濃本土文化氣息

連續獲聯副六十九年度及七十年度小說獎的女作家蕭颯，她在聯副發表的〈霞飛之家〉改編成電影《我這樣過了一生》，從台灣三十年經濟的成長，塑造傳統中國女性的婦德，表現出逆境中奮鬥的堅強性格，比其他女作家同樣作品的中國女性更具民族性，獲得普遍的讚好，絕非偶然。

贏得六十九年《聯合報》短篇小說獎改編的同名電影《我兒漢生》，描寫在現實中產階級家庭中成長的青年，過度正義感的叛逆性，也比其他作家塑造的少年更具代表性，對社會觀察的深入和敏銳，比起《我這樣過了一生》毫不遜色，應得到更高的評價，可是拍成電影後，沒有重新嚴密的組合，缺少電影應有的吸引觀眾魅力，十分可惜。當然這並非蕭颯之過，而是導演張毅故意抽離戲劇性造成的疏失。新電影可以不要戲劇的張力，卻不能不顧電影文法的組合。

蕭颯繼《我兒漢生》後，除和張毅合作編寫適於發揮楊惠姍演技的《我的愛》之外，她在聯副連載的另一部小說《小鎮醫生的愛情》，由邱銘誠導演，秦漢和李志奇飾演父子。脫離丈夫張毅的合作，蕭颯創作另有一番風貌。但更成功的是蕭颯親自編寫的電影《一隻鳥仔哮啾啾》更為出色。《我的愛》則是張毅導演，楊惠姍主演的傑作，捕捉都市外遇，令人驚心。可惜張、楊兩人拍完本片便退出影壇，是台灣影壇極大損失，但可喜地開創了「琉璃工房」的新局面。

小說家王禎和利用粗俗題材，剝開人性的尊嚴，嘲諷人性的卑微、無奈，從《嫁粧一牛車》、《美人圖》，到《玫瑰玫瑰我愛你》，各具特色，從小說改編電影後，在喜鬧片中獨樹一幟，帶來典範，更讓觀眾在嘻笑之餘，得到自省的效果。這三部片都由王禎和自己改編，張美君導演，以《玫瑰玫瑰我愛你》技巧最為圓熟，小說本身也寫得好，尤其利用方言寫作，味道更好，在聯副連載期間就廣受重視。

不過，電影與小說畢竟有差別，以英文老師訓練土妓女，希望她成為洋酒吧的企劃、管理，都很有一套，雖屬斯文掃地，卻製作細緻攝影考究，惟本片缺少環境壓抑的批判。本片擺脫本省籍村婦說流利國語的缺點，使用大量台語對白，當時曾引起爭議，後來證實這作法正確。

李昂與廖輝英筆下的女性文化轉變

有一位具名「喦喦」的文藝評論者，在一篇評論文章中說：「從《殺夫》到《不歸路》，李昂與廖輝英成功的刻劃出台灣『女性文化模式』在父系社會中的轉變……提出了許多女性自省與自覺的深刻主題。」

李昂的《殺夫》獲聯合第八屆中篇小說獎首獎，在聯副刊登期間，雖曾引起社會人士非議，但聯副敢於刊登引起爭議的尖銳作品，正顯現了台灣開放性的多元社會，已有容忍異端的雅量，不該再以過去的道德規範來約束現代人叛逆的心態。

《殺夫》電影由名影星兼製片家徐楓的湯臣公司出品，新導演曾壯祥執導，重視視覺風格，也正表現了台灣社會的開放，突破以往淫邪、敗德的禁忌，導引台灣影壇此後陸續開拍類似「性慾問題」電影，如《暗夜》、《心鎖》（原是禁書）等等製片之路的新風氣、也逐漸突破影檢的禁忌。

廖輝英的《不歸路》寫出現實父系社會已轉型，女性仍僵於愛與被愛的困境。現實女性的感情雖可自主，卻仍為外遇問題造成悲劇，值得女性自省。這兩部片都曾引起廣泛討論。

由《油蔴菜籽》成名的女作家廖輝英，她三部小說拍成電影，其中有兩部小說都出自聯副，即《不歸路》和《今夜微雨》。《不歸路》曾獲得《聯合報》第八屆中篇小說推薦獎，搬上銀幕，由她和宋項如聯合編劇，張蜀生導演；《今夜微雨》由張永祥自編自導。這兩部電影中，兩個不同身分的女人，有幾個共通點：都對愛情付出太多，而得到很少，表面是強裝女強人來面對男人，卻仍是弱者。在社會的轉型期中，可能有不少這樣的女人，誤把性的開放、爭取主動，就認為是強者。由於廖輝英曾在廣告公司工作，看過不少類似的女人。《不歸路》曾引起不少女性反感，認為哪有這樣賤的女人？廖輝英的看法是：「人生不是很潔淨的，如果潔淨就不是人生。」我認為作品的「啟示性」，比作品的「真實性」更重要。

鍾理和與林海音的大陸之夢

聯副小說改編拍電影的另一項光輝紀錄，是電影劇作家張永祥，將本省作家鍾理和於民國四十八年四月起在聯副陸續發表的自傳式中長篇小說〈原鄉人〉及〈笠山農場〉等篇，綜合寫成《原鄉人》的電影劇本，由李行導演，拍成第一部本土作家的傳記電影，開拓健康寫實電影的新路，在海峽兩岸都獲好評。可惜這種本土人物傳記電影，題材很多很豐富，卻沒有人繼續拍下去，否則可以發掘更多本土民族性堅貞文化的寶藏。

我們從《原鄉人》中，不但可以看到在日治時代，有那樣熱愛中華文化又有骨氣的台灣人，不用他熟悉的日文寫作，而要自立苦學，用中文寫作；寧可餓肚子，也不願替驕傲的日本人開車。更可看到刻苦耐勞、善良的妻子，給一再被退稿的丈夫信心，永遠無條件奉獻妻子的愛，充分表現出台灣客家女人堅韌的生命力。由於《原鄉人》的拍攝，又促成《鍾理和全集》出版和「鍾理和紀念館」成立，對整個台灣文壇貢獻很大。

根據張永祥的電影劇本改寫《原鄉人》小說的鍾肇政，曾於四十九年在聯副發表過一篇寫天才夭折的《魯冰花》小說，描述一個貧窮的美術天才少年阿明，獲老師支持，要選他的作品參加國際兒童畫展，卻被另一個支持鄉長兒子的老師反對而落選，因而支持阿明的老師憤而辭職，將阿明的作品直接寄國際畫展參賽，終於獲獎，消息傳來時，不幸的阿明已因家窮無錢醫病而逝世。全片對教育制度有強烈抨擊，吳念真的劇本固然寫得好，導演楊立國塑造童星黃坤玄和攝影師李屏賓的實景攝影都很成功。

該片獲一九九〇年義大利吉芳嶺影展錦獸獎，柏林影展兒童電影單元第三獎，並獲新聞局電影輔導金三百萬元，因票房好，是唯一能將輔導金退還新聞局的輔導金影片。

由於改編聯副小說的電影叫好叫座，不僅博得港台影人的重視，也引起中國大陸影界重視，一九八二年（民國七十一年）上海電影製片廠導演吳貽弓，看上林海音於一九五九年刊登聯副的自傳體小說《城南舊事》，內容略有刪減（原有五個短篇，只採用四個短篇改成三個故事，故事中的英子是林海音的乳名，她本名林含英），曾獲一九八三年第二屆馬尼拉國際電影節最佳劇情片金鷹獎，並獲同年中共頒發金雞獎最佳導演獎、最佳女配角獎、最佳音樂獎，及一九八四年南斯拉夫貝爾格萊德國際兒童電影節最佳影片獎。曾有人批評「全片結構鬆散」，其實這正是該片充滿淡淡離愁的散文式電影的特色。

電影《城南舊事》的導演吳貽弓雖未付多少版權費，但對林海音非常禮遇，除送她錄影帶外，吳貽弓主持第一屆上海國際電影節時，特邀她夫婦到上海作影展特別來賓。

此外，清史專家高陽，在聯副發表的系列清宮小說，該是兩岸多年來清宮電影、電視大流行的主要藍本，可惜多未說明原著和出處。高陽生前與李翰祥是好友，但兩人曾為李翰祥在北京拍的《火燒圓明園》等片，未註明原著引起爭執。在此也只好都略而不提。還有聯副刊登的朱羽的俠義小說《死亡客棧》、《禁城九日》等也拍成電影，前者由田豐導演，丁珮、徐楓、陳莎莉、岳陽等演出，後者改名《插翅難飛》，楚原導演，狄龍、白彪、井莉等演出。邵氏出品。

六〇年代，聯副翻譯的日文小說《冰點》，轟動一時，聯經出版單行本，初版銷售二十萬本，當年台灣也曾改編拍電影及改編舞台劇，譯者後來成為原作者三浦綾子的貴賓，也可說是聯副盛事之一。

另外值得一提的是，在瘂弦任職聯副主編時，刊登電影文章最多。聯副曾特別介紹沙榮峰、黃卓漢、張英等電影人，並曾以學術角度介紹金馬國際影展多部參展影片。

台灣新聞年鑑隱瞞事實真相

中華民國新聞年鑑隱瞞報史的真相

「事實不可歪曲，意見大可自由」（Comment is free, but the facts are sacred）——C. P. Scott（1846-1932）

英國名報人史各特（曾任《孟徹斯特導報》總編輯五十七年）的名言。這是名報人金庸的座右銘，他在上海《大公報》當記者時即服膺此言，其後主持香港《明報》，常以此和同仁共勉。台灣文化最大悲哀即戒嚴時代隱瞞事實真相，解嚴之後，又未在報上公開澄清。

新聞工作的目的既要追求事實的真相，但在台灣所有出版的「中華民國新聞年鑑」中，五〇年版、六〇年版、七〇年版、八〇年版，沒有一本不隱瞞台灣新聞事業的真相。且現在「二二八」事件早已拍成電影，如《天馬茶房》、《悲情城市》，還設立紀念公園和許多紀念碑，政府還要發給受難家屬大筆補償金。當這些所謂受難家屬領到大筆補償金時，新聞界真正的受難者（八、九家停刊的報紙），雖然不會請求補償，但連報名還要永遠消失嗎？我們的公義何在？

何況，二二八受難的報紙，並非都是爛報，其中有些報紙的影響，至今仍然存在，例如當時停刊的《人民導報》，隔了數月後，化身為《全民日報》，也是構成《聯合報》的三分之一。《人民導報》的記者黃耀麟，在《全民日報》創刊時，是該報老牌記者，再成為《聯合報》記者，《經濟日報》記者、《經濟日報》東京特派員，退休後移民夏威夷。

再如，《中外日報》，是我當時最喜歡的報紙之一，版面、字體、風格，很像大陸的《東南日報》，清秀、大方。《中外日報》雖然只有三個多月的壽命，但隔數月衍生了《公論報》。編輯部在同一地點，部份工作點相同，只是組織架構不同，總主筆黎烈文，曾是《中外日報》的副刊主編。早期的《公論報》版面風格，也保持《中外日報》的面貌。

原始的《公論報》雖已脫胎換骨為《經濟日報》，但不能完全抹煞該報當年影響。因此，我們有責任還給台灣報業歷史的真相，不該讓台灣報業史書永遠遺漏錯誤，也好讓這些年鑑的編者，有心安的一天。這裡，以我記憶所及，分條列舉如下：

中國新聞史上空前浩劫

民國三十六年的二二八事件，有八、九家報紙受直接間接的影響，全部停刊，此外還有不少工作人員失蹤，有幾家報社的設備被搗毀，是中國聞史上空前的浩劫。除了抗日戰爭，中國新聞界再沒有比二二八事件遭遇的劫難更大。可是在我們的新聞年鑑中找不到一點蛛絲馬跡，五〇年版、六〇年版兩度刊登的新聞界大事件一字不提，連這些報紙的創刊日期也不見。

六〇年版和七〇年版的年鑑上，重複刊登姚明先生的大作「中國新聞事業發展經緯」，四、五萬字，追溯既往時空遼闊，談到台灣報業部份，從民國三十四年十月光復後的第一家報紙，就跳到六〇年代或七〇年代，高空越過三〇年代後半和四〇年代、五〇年代。難道台灣這克勤克儉艱苦奮鬥的二十五年奠基期、與中國新聞事業發展的經緯無關嗎？七〇年版既有二十多頁篇幅刊登大作，為何需百分之九十五重複？為何不改寫台灣新聞事業發展經緯？豈不更為重要？如此，便可發揮百分之八十的新內容，也才能真正彌補的六〇年版所寫的不足。

姚明先生是我崇拜的學者，很多作品，我都剪下來保存，唯獨這篇巨作，令我十分悵然、迷惘。當然姚明也可能是一直擔任公職有所顧慮，何不請別人寫？

從三〇年代後半到七〇年代，至少有十幾個新聞單位的創立和結束未列入年鑑，違背了年鑑「新聞單位的創立或結果的日期概加記載」的條例。台灣這些艱苦奮鬥的報紙，還不如中國大陸共產世界的邊區報紙，它們還能有幸列入中華民國的新聞年鑑。

唯一提到二二八事件的報史書，是民國七十六年十月，由《自立晚報》出版，陳國祥、祝萍著「台灣報業演進四十年」，書中有一篇「二二八事件對報業的衝擊」，記述當時報業的遭遇有：「最慘的，應屬於《民報》，暴徒將該報在中山北路的房屋、印刷機、字架全部都搗毀，導致日後無法再行復刊。」「事件中，還有不少報社重要人員失蹤，包括《民報》社長，《人民導報》社長，《新生報》總經理等等」。

「事件結束後，有八家報社宣告停刊，它們是：民報、人民導報、大明報、重建日報、自由日報、中外日報、興台日報、國聲報。」

筆者當時服務的《台灣日報》，被該書遺漏。《台灣日報》發行人是當時國民黨台灣省黨部書記長張兆煥，社址在台北市衡陽街，現在交通銀行對面。它在二二八事件當天的評論報導比較客觀，未受暴民搗亂，第三天以後卻未出報。我住在報社三樓，一直很安全。事變後，台灣日報未恢復出報，報社當局一再評估才決定停刊，其實非經濟因素，也無二二八因素，只是發覺報社的一名副刊編輯，是中共作家，在事變發生時，他即潛回大陸，可能怕有關方面追究，報社無法交待，不如自動停刊。當時《台灣日報》與《中外日報》是同一個時期創刊，紙張、印刷比《中外日報》考究，內容也不差，與後來在嘉義創刊的《台灣日報》和台中創刊的《台灣日報》都無絲毫淵源，只是報名相同而已。台中的《台灣日報》，曾經是軍系報，是向民間收買報紙執照，變更登記。其中內幕很多，在此不提。

二二八事件後復刊最快的《國聲報》

《國聲報》停刊報紙是一項重大錯誤，事實上，該報不但在事變後未停刊，而且是恢復出版最快的報紙。因為事變發生時，台南《中華日報》刊出幾篇社論、言詞中肯，對安撫民心很有作用，很得當時高雄要塞司令彭孟緝欣賞，他向報社查詢，才知道社長是他的本家彭勃。當事件稍為穩定，要塞司令部接管當地的《國聲報》，為安定民心，請彭勃去當社長，迅速復刊，彭勃招兵買馬，帶了一班人馬接辦《國聲報》。起初報社員工吃的米，印報的紙張，都由要塞司令部提供。

不久，彭孟緝因處理二二八事件有功，升台灣省整備總司令。當然彭勃更有辦法。

《國聲報》是接收日產，在地方上有一個董事會，不但追認彭勃的社長地位，還籌款支持。我記得當時彭勃很神氣，不但在台北出版《國聲報》台北版，每次回到高雄，社長公館就用了六、七個年輕少女做佣人，伺候社長，派頭很大。當然這樣開支、經費就發生困難。但《國聲報》北版停刊，彭勃於九月一日又創辦《台北晚報》，被稱是二二八事變後第一張晚報，尚未拿到執照，就先出版。此報由彭勃的「台北號」夫人吳燕燕出資，她是當時台北著名三花之一，私房錢很多。彭勃從南京《救國日報》請來編輯，地點在原來《國聲報》北版社址，現在新世界大樓的一部份。

彭勃創辦《台北晚報》後，南北奔波，曾有意放棄《國聲報》，編輯部鬧人事糾紛。三十六年十二月停刊，彭勃只派我一人北上到《台北晚報》工作，其餘器材、人事都不管，後來由《新生報》南部版接收，再改為《新聞報》。

台北晚報絕非半年壽命

除了《自立晚報》出版的「台灣報業演進四十年」綜合許多報史，《中央日報》也出版過一本「七十年中國報業史」，賴光臨著，民國七十年三月出版。這兩本報史，都說民國三十六年十月出版的《自立晚報》是台灣第一家晚報；年鑑上介紹《自立晚報》，還用了兩個第一：「台灣發行的第一張晚報，也是台灣有史以來的第一張晚報。」，但這兩本報史，在記載光復初期的報紙《大明報》時，又都寫明是民國三十五年九月創刊，顯然《大明報》才是台灣第一張晚報，這是無可爭議的事實。但《自立晚報》報史一直是稱自己為台灣第一張晚報。

這兩本報史，還有另一個錯誤，是說《台北晚報》是三十八年創刊，出刊半年，就把登記證自動繳回去。顯然，「台灣報業演進四十年」，是根據「七十年中國報業史」，所以說詞一致。（在「演進四十年」的參考資料中，也將該書列入），但在「七十年中國報業史」的附註「一六」中，將《台北晚報》的創刊與《全民日報》、《公論報》、《自立晚報》等同刊於三十六年創刊，是正確的。不知為何在註「五九」，又說台北晚報於三十八年春創刊，同年六月下旬自動將登記證繳回，究竟有何根據？

前文已說過，《台北晚報》是三十六年九月，彭勃擔任《國聲報》社長時創辦的，比《自立晚報》還早一個月，我的第一張聘書，是民國三十七年七月一日生效，更可粉碎它於三十八年才創辦的說詞。

《台北晚報》總編輯陳香，也曾是《國聲報》總編輯，在《台北晚報》結束後，轉任花蓮《東台日報》，已於前幾年逝世。《台北晚報》的採訪主任龔聲濤，出身南京《救國日報》，是彭勃老同事，曾任《國聲報》台北採訪主任，離開《台北晚報》後，在國民黨文工會工作多年，並奉命到嘉義辦《現代日報》。

《台北晚報》的同事，現仍健在的，還有彭勃，顧樹型、何壽銘、董佩瑛（即董大江，現居加拿大）等等。

民國三十七年十月，彭勃太太將《台北晚報》以三千六百萬元高價，頂讓給省政府新聞處主任秘書高拜，是起因於家務糾紛，並非無法經營。當時有雜誌報導這內幕，彭勃看到雜誌，自知事件曝光，愧對同仁愧對同行，才簽字出讓，從此退出新聞圈，與小情人遠走嘉義執教。

創辦人高拜石是福建老報人，一直追隨新聞處長林紫貴，因省府改組，林紫貴下台，他也要下台。後來有人出資，請他主持，接辦《台北晚報》，高拜石有自己班底，編輯部只留我和龔聲濤兩人，來自《救國日報》者仍回南京。當時兩岸仍有來往，我仍編影劇版「銀座」。

《台北晚報》於民國三十八年，陳誠擔任省主席期間出了問題，他認為不需要那麼多報紙，適《台北晚報》登了一篇讀者投書，題為「公務員哀鳴」，乃是大陸報紙轉載，省府認為太沒面子，追究來源。當時《台北晚報》可與大陸各省報紙交換，每天都可收到大陸十幾份報紙，報社稿費少，常剪報交版面，那篇讀者投書也是剪報，無法向省府交待，被迫停刑，同時被停刊的報紙還有幾家。可能牽涉到台灣新聞自由問題，中華民國新聞年鑑中，始終不提出版了兩年的《台北晚報》。

還有一事可證明《台北晚報》停刊非自願，那是社長閔孟塵，在台北晚報於三十八年七月停刊後，立即於八月十日又出版「影劇新聞」半月刊，仍由我主編，仍在原址辦公，如果不是報紙非不得已停刊，怎會去辦雜誌？日報的言論力量，雜誌豈能比？

《台灣報業演進四十年》一書，還有一項遺漏，是三十八年在台北復刊的「華北新聞」，它是標準大陸小型日報，每天出四開報三張至四張，採精編形式，內容精緻，總編輯王潛石，他後來進《民族晚報》、《聯合報》、再到紐約《世界日報》擔任副總編輯。「華北新聞」採小型報形式，不適合台灣社會的型態，登廣告就成問題，廣告客戶不喜歡小型報，所以《台北晚報》、《自立晚報》、《華報》，都由四開張改為對開大報，《華北新聞》不願改大，只好停刊，該報自備的印報機，賣給了高雄某報。

當然報史之誤，還有不少，例如八〇年版的中華民國新聞年鑑，遺漏最少，其中楊孝濚大作提到分類廣告的縮小問題，卻沒有提到分類廣告分版過細，造成許多風波。光是在台北市登房地產分類廣告，在中和市、永和市看不到，必須多付一份市郊版費用。台北市也有A、B版，均只有一半讀者看到。《聯合報》廣告組，有專門接聽客戶抗議電話的小姐，專門替客戶找廣告。一般商業廣告，也分A、B版，南北版，再分區域版，號稱百萬份銷路，收百萬份價值廣告費，卻只有二分之一的效果，形同欺騙。

目前有八、九間大學有新聞學系，還有八所新聞研究所，這麼多人學新聞事業，究竟要怎樣來傳授台灣報史？令人十分擔憂。

後記

本書的出版是我離開《聯合報》二十多年以來最大的心願，主要目的是為了感謝《聯合報》多年的栽培。尤其《聯合報》的大家長——董事長王惕吾對我特別照顧，有一次他請我與內人一起吃飯時，對我太太說：「定成是好丈夫，妳要好好珍惜。」可見老闆對我關懷之深切。同時，副董事長劉昌平對我也極為照顧，其他同事也對我非常幫忙，在此一併致謝！

我自《聯合報》退休後，退而不休，繼續努力研究電影，挖掘電影史料，出版了《臺灣電影百年史話》等數本電影書籍，美國國會圖書館亞洲部、哈佛大學燕京圖書館皆收藏我的多部著作。此外我曾參與北京「中國電影博物館」臺灣館的籌建，並為兩岸三地統一編寫的《中國電影圖史》一書負責臺灣影史部分。二〇〇八年獲頒金馬獎特別貢獻獎，二〇一二年獲頒國立台南藝術大學名譽藝術博士，南藝大並成立「黃仁書房」，保存我收藏的電影史料，其中亦有許多《聯合報》相關資料。

追本溯源，我要感恩《聯合報》的培養，才有今天這樣的成就。我今年九十一歲，還能上下住家公寓的四層樓梯，每日清晨步行至大安森林公園練氣功，這都要拜賜當年走路至《聯合報》上班的那段歲月。另外要感謝「國家電影中心」為我出版《黃仁電影之旅》一書，相當於本書的續篇。最後，還要感謝好友梁良先生協助本書的整理與出版，完成我的心願！

黃仁謹誌於二〇一五年五月

參考文獻

《民族報》第二次版，民國三十九年八月二十三日
《中國時報》美洲版，民國七十三年三月二十四日
《聯合報》社務月刊，民國六十年五月
《聯合報》社務月刊，民國六十八年六月
〈王惕吾辦報十五年〉，報學，民國五十四年
〈王惕吾：心中有自由，筆者有責任〉，民國八十三年九月十六日，《聯合報》刊
〈金紀忠，開創新局〉，《中國時報五十年特刊》
《聯合報》社務月刊，民國六十年八月三十日
《聯合報》社展特刊，二十年、三十年、五十年、六十年
《聯合報》社務月刊，民國五十八年二月二十八日
《聯合報》社職員錄，民國五十二年七月
《聯合報》社務月刊，民國五十四年七月三十一日

《聯合報》社務月刊，民國七十四年二月
聯合報系月刊，民國七十四年十月號、九月號
聯合報系月刊，民國七十三年七月號、八月號
《永遠的報人，深刻的腳印》，《聯合報》出版
傳記文學，第八十三卷第二期
《聯合報》影視廣場，民國八十五年三月十二日
《自立晚報》，民國三十六年十月三十日
《聯合報》編採通訊，民國六十五年四月十六日
〈回首臺灣報業〉，公共電視非常報報
〈嚴防「新聞間諜」〉，《聯合報》社務月刊，民國七十二年七月
傳記文學，第八十七卷第三期
《臺灣公論報》，二〇〇八年十月十日
美國《世界日報》，民國八十年八月二十八日
〈王惕吾《聯合報》精神與《聯合報》企業文化〉，民國八十年五月，社務月刊
育樂評論，二〇〇五年五月十六日
《臺灣公論報》，民國二〇〇四年五月十四日
《報人王惕吾》，天下雜誌出版
〈兩大報對決〉，天下雜誌出版

附錄：珍貴文件

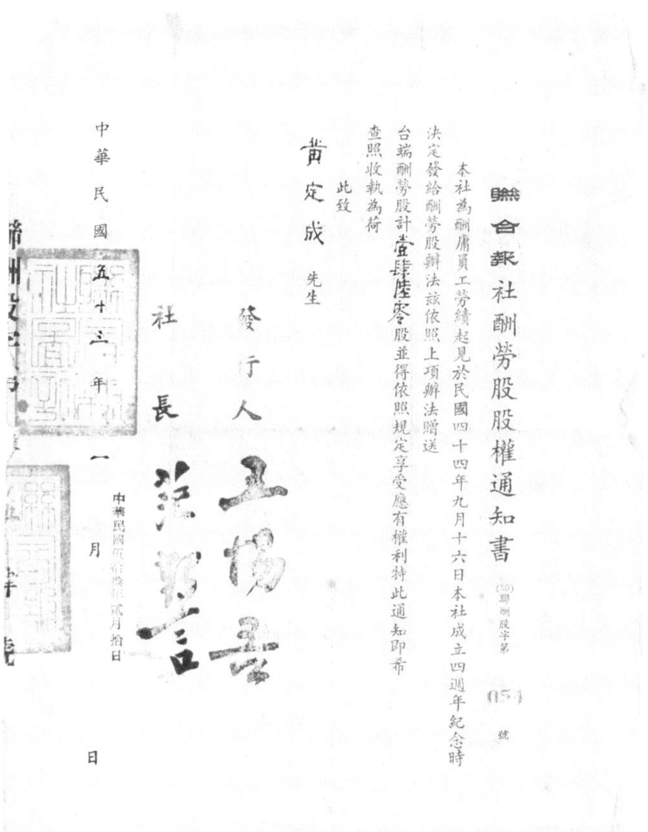

聯合報社酬勞股股權通知書　(50)聯酬股字第 054 號

本社為酬庸員工勞績起見於民國四十四年九月十六日本社成立四週年紀念時決定發給酬勞股辦法茲依照上項辦法贈送台端酬勞股計壹肆陸零股並得依照規定享受應有權利特此通知即希查照收執為荷

此致

黃定成 先生

發行人 王惕吾

社長 范鶴言

中華民國五十三年一月　日

中華民國伍拾叁年貳月拾日

聯合報社酬勞股份分配辦法

五十年一月一日修正實施

第一條　本社為酬獎員工辛勞，特在本社資本總額內劃撥百分之二十五作為員工酬勞股，並訂定本辦法。

第二條　本社資本總額為新台幣伍百萬元，分作伍拾萬股（每股十元）內撥出壹拾貳萬伍千股作為員工酬勞股。

第三條　凡屬本社編制內員工在社服務滿達四年者均有取得酬勞股之資格但每人只受一次分配。

第四條　酬勞股之分配以四十四年九月份薪級表作為固定基準每人各按其滿四年時之薪級取得酬勞股淨值相當於三個月之薪級其每股淨值以本社年度決算之資產淨值核計股數凡本社員工於社慶日（九月十六日）前到社服務滿四年者，得於本年本報決算後發給之，社慶日後到社服務滿達四年者，得於次年本報決算後發給之，酬勞股以發完為止俟離職員工股權收回時再行依照到職先後次序發給之。（本社編制內員工奉准留職停薪時，停計其年資俟復職日起再行接計其年資滿達四年始能取得酬勞股）。

第五條　酬勞股之股息與分紅依照社方規定。

第六條　未曾發出之酬勞股概列為庫存股與已發出之酬勞股同樣享有股息與紅利之分配所有收益專戶保管備資收回離職員工股權之用其賬目每年公佈一次。

第七條　已取得酬勞股之員工離職時得按照本社上年度決算之資產淨值核計每股應得之價值照價給款收回其股權本期股息不計，酬勞股不得轉讓或向外抵押。

第八條　依照前項規定倘係因故解聘或開除之員工收回股權時依資產淨值給付五成，其餘五成撥充員工互助基金。

第九條　已取得酬勞股之員工離職時奉准留資停薪其自願保留股權者，得按其離職時已取得之股數與股值保留，復職後當年度服務不滿壹整年者，其應得之紅利股息及股值併次年度決算後一併計發。

第十條　取得酬勞股員工視為特與之合夥人無使用民法第六百七十五條賦予之職權亦不受損失之分配。

第十一條　本辦法自五十年一月一日起實施。

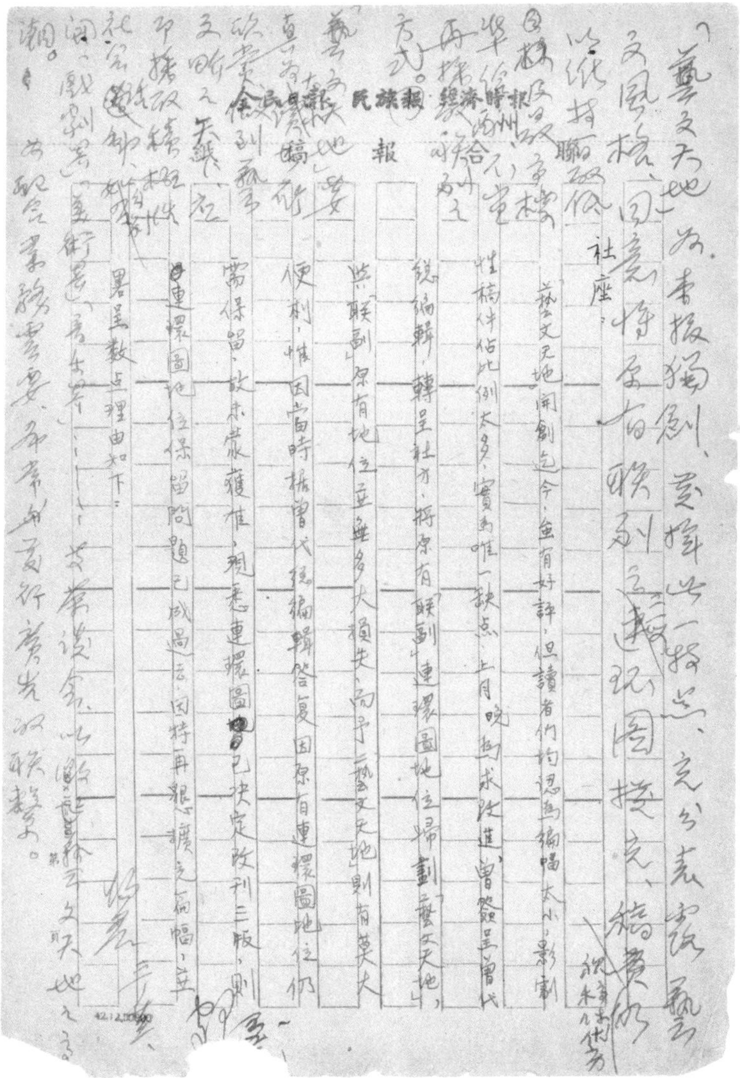

全民日報 民族報 經濟時報

聯合報

社座：

藝文天地開創迄今，無有好評，但讀者們均認為篇幅太小，影劇性稿件佔比例太多，實為唯一缺点。上月曾乃請求改進，曾簽呈曾代總編輯，轉呈社方，將原有聯副連環圖地位歸劃「藝文天地」，使「聯副」原有地位並無多大損失，而予「藝文天地」則有莫大便利，惟因當時曾代總編輯答復因原有連環圖地位仍需保留，該未蒙獲准。現悉連環圖已決定改刊三版，則連環圖地位保留問題已成過去，因特再懇擴充篇幅，並略呈數点理由如下：

[illegible]

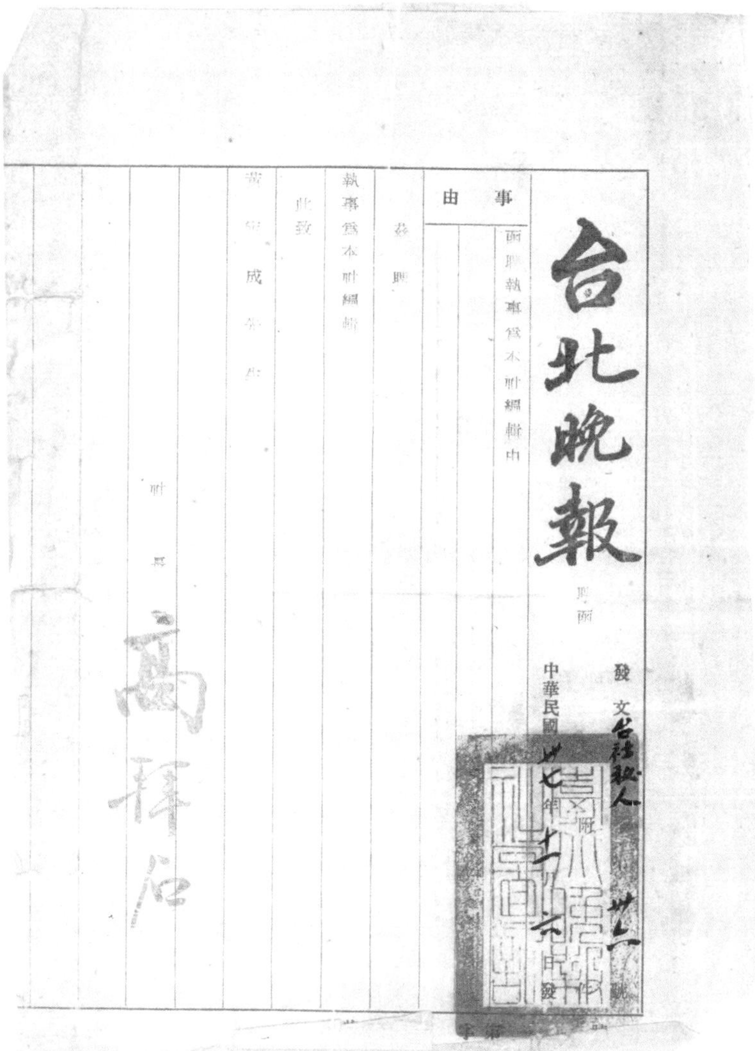
台北晚報

聘函

發文台社秘人字第廿二號

中華民國卅七年十二月六日發

事由：函聘執事爲本社編輯由

茲聘

執事爲本社編輯

此致

黃[illegible]成先生

社長 高拜石

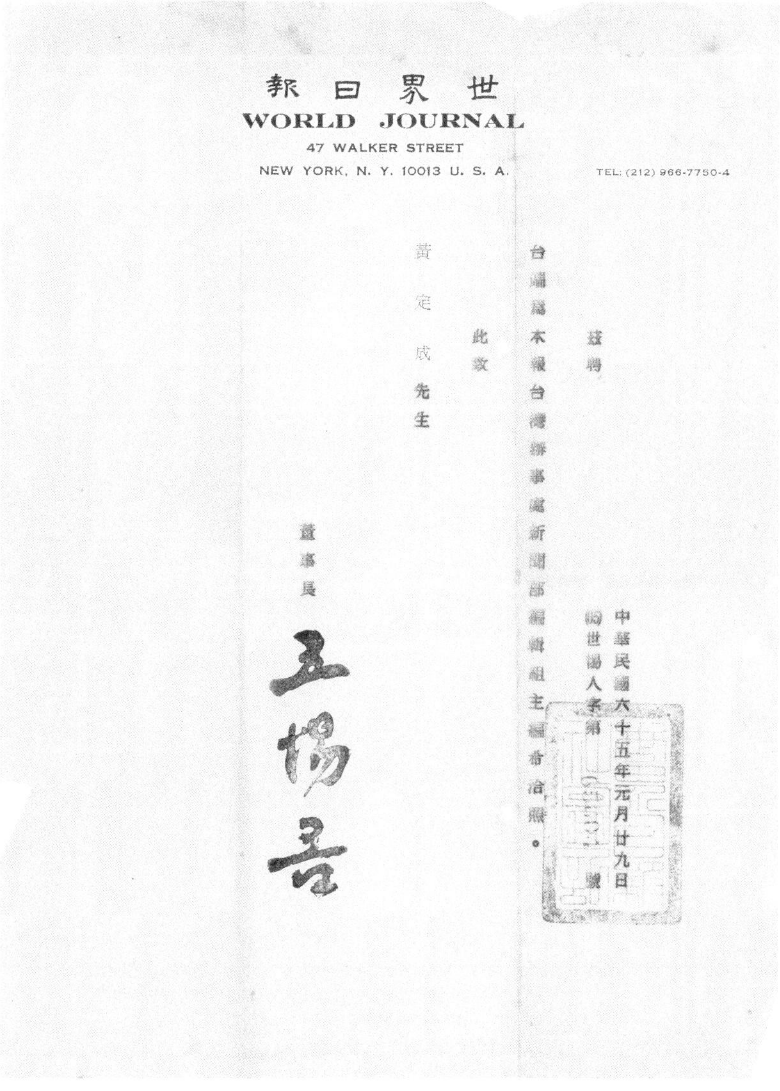

世界日報

WORLD JOURNAL

47 WALKER STREET

NEW YORK, N. Y. 10013 U. S. A.

TEL: (212) 966-7750-4

中華民國六十五年元月廿九日

(65)世揚人字第　號

茲聘

台端為本報台灣辦事處新聞部編輯組主編希洽照。

此致

黃定成先生

董事長

王惕吾

聯合報社（函）

受文者：黃定成先生

正本	單位
副本	單位
分行單位	

主旨：茲約聘台端為本報編輯部編輯中心特約編輯，為期壹年，自民國八十一年九月十六日起生效，請查照。

發行人 劉昌平

發文	
附件	
文號	(81)聯人字第 [illegible] 號
日期	中華民國八十一年八月 [illegible] 日
地點	台北市忠孝東路四段五五五號

檔號

80. 6. 2,000

Do歷史35　PC0512

我在《聯合報》43年

──資深記者黃仁見聞錄

作　　者／黃　仁
責任編輯／辛秉學
圖文排版／楊家齊
封面設計／楊廣榕

出版策劃／獨立作家
發 行 人／宋政坤
法律顧問／毛國樑　律師
製作發行／秀威資訊科技股份有限公司
地址：114 台北市內湖區瑞光路76巷65號1樓
電話：+886-2-2796-3638　傳真：+886-2-2796-1377
服務信箱：service@showwe.com.tw
展售門市／國家書店【松江門市】
地址：104 台北市中山區松江路209號1樓
電話：+886-2-2518-0207　傳真：+886-2-2518-0778
網路訂購／秀威網路書店：https://store.showwe.tw
國家網路書店：https://www.govbooks.com.tw

出版日期／2015年6月　BOD一版　**定價**／330元

|獨立|作家|
Independent Author
寫自己的故事，唱自己的歌

我在《聯合報》43年：資深記者黃仁見聞錄 / 黃仁
著. -- 一版. -- 臺北市：獨立作家, 2015.06
面；　公分 -- (Do歷史；PC0512)
BOD版
ISBN 978-986-5729-30-1(平裝)

1. 黃仁 2. 報業 3. 回憶錄

783.3886　　104006423

國家圖書館出版品預行編目

讀者回函卡

感謝您購買本書，為提升服務品質，請填妥以下資料，將讀者回函卡直接寄回或傳真本公司，收到您的寶貴意見後，我們會收藏記錄及檢討，謝謝！
如您需要了解本公司最新出版書目、購書優惠或企劃活動，歡迎您上網查詢或下載相關資料：http:// www.showwe.com.tw

您購買的書名：＿＿＿＿＿＿＿＿＿＿＿＿＿＿＿＿＿＿＿＿

出生日期：＿＿＿＿年＿＿＿＿月＿＿＿＿日

學歷：□高中（含）以下　□大專　□研究所（含）以上

職業：□製造業　□金融業　□資訊業　□軍警　□傳播業　□自由業
　　　□服務業　□公務員　□教職　□學生　□家管　□其它＿＿＿

購書地點：□網路書店　□實體書店　□書展　□郵購　□贈閱　□其他

您從何得知本書的消息？

□網路書店　□實體書店　□網路搜尋　□電子報　□書訊　□雜誌
□傳播媒體　□親友推薦　□網站推薦　□部落格　□其他＿＿＿＿＿

您對本書的評價：（請填代號　1.非常滿意　2.滿意　3.尚可　4.再改進）

封面設計＿＿　版面編排＿＿　內容＿＿　文／譯筆＿＿　價格＿＿

讀完書後您覺得：

□很有收穫　□有收穫　□收穫不多　□沒收穫

對我們的建議：＿＿＿＿＿＿＿＿＿＿＿＿＿＿＿＿＿＿＿＿

＿＿＿＿＿＿＿＿＿＿＿＿＿＿＿＿＿＿＿＿＿＿＿＿＿＿

＿＿＿＿＿＿＿＿＿＿＿＿＿＿＿＿＿＿＿＿＿＿＿＿＿＿

＿＿＿＿＿＿＿＿＿＿＿＿＿＿＿＿＿＿＿＿＿＿＿＿＿＿

請貼
郵票

11466
台北市內湖區瑞光路 76 巷 65 號 1 樓
獨立作家讀者服務部 收

（請沿線對折寄回，謝謝！）

姓　　名：__________　年齡：_____　性別：□女　□男

郵遞區號：□□□□□

地　　址：__________

聯絡電話：(日) __________ (夜) __________

E-mail：__________